U0672264

广西壮族自治区
地方志编纂委员会办公室
编

广西风物志

第一辑

铜鼓
TONGGU

蒋廷瑜

著

社会科学文献出版社
SOCIAL SCIENCES ACADEMIC PRESS (CHINA)

《广西风物图志》（第一辑）编纂委员会

主　任：李秋洪

副主任：邓敏杰

委　员：李秋洪　邓敏杰　贾晓霖　黄建中

《广西风物图志》（第一辑）编辑部

主　任：邓敏杰

副主任：贾晓霖　黄建中

成　员：郎尚德　黄榆林

《广西风物图志》（第一辑）审稿专家

李秋洪　邓敏杰　吴伟峰　廖明君

彭梅玉　甘永萍　贾晓霖

总　序

　　《广西风物图志》的问世，是地方志书出版的一个新尝试。

　　广西地处边陲，历史悠久，民俗民风独特，秀美瑰奇的山山水水，百越和中原长期融合形成的绚丽多彩文化，呈现着许许多多引人入胜的特色和亮点。《广西风物图志》正是将广西那些自然、人文方面最有特色、最具亮点的内容单独提取出来编写成志，并形成系列。与20世纪80年代出版的一卷本《广西风物志》相比，《广西风物图志》丛书重点更加突出，内容更加丰富，这就如同将串起的"珍珠"，在强光下一颗颗聚焦，在交相辉映中更显奇光异彩。

　　《广西风物图志》几乎每页至少有一幅图，或是景物图，或是风情图，或是实物图，或是特制图等。这些图，不仅为内容做了恰如其分的说明和配合，而且在阅读上给人一种生动活泼的感觉。这种图文并茂的表现方式，使内容更加直观、通俗易懂，更加容易被广大读者接受，顺应了"读图时代"的潮流。

《广西风物图志》由广西壮族自治区地方志编纂委员会办公室精心策划，组织对本选题内容有较深研究、在学术上有造诣有成果的专家纂写。既坚持志书秉笔直书传统，又不囿于志书的述而不论，在叙述中，读者会看到带文学笔触的细致描写、个性色彩的点评或论述，但这些描写、点评或论述，绝对不是凭空而作，而是建立在作者长期的学术修养和地方历史知识积淀基础之上自然生发的。采用这样的写法，是希望其能成为受广大读者欢迎的广西地方志书的普及读物。

作为尝试，《广西风物图志》难免会有诸多不足之处，希望广大读者，特别是有关专家学者指正。

2017 年 12 月

前　言

　　铜鼓是一种极富传奇色彩的历史文物，在广西这片土地上流传二千多年，上演过无数动人的历史活剧，值得人们永远回味。

　　铜鼓究竟是一种什么样的器物，是怎么被人们创造出来，又是通过何种渠道传播发展的？铜鼓在广西哪些地方出现？铜鼓是怎么被发现的？珍藏在哪些地方？广西哪些民族还在使用？怎么使用？在历史上起过什么作用？为什么绵延两千多年行用不衰？人们为什么喜爱铜鼓，崇敬铜鼓，把铜鼓奉若神明？

　　一提起铜鼓，人们很自然想起这一连串问题，希望能探寻究竟。

　　广西铜鼓流传历史悠久，记载文献丰富，数量之多，品类之齐全，均在全国首屈一指。说广西是铜鼓之乡，名副其实。

　　作者研究铜鼓 30 余年，为铜鼓撰写过好几本书，深知铜鼓艺术博大精深。《广西风物志》中的《铜鼓》，要求从文化的角度展现出广西这一特有风物的文化内涵，别开生面。

本书分十章。我们将从本书看到，铜鼓起源和发展的跌宕起伏；记载广西铜鼓的文献自《后汉书·马援列传》以来史不绝书；在历史长河中铜鼓不断铸造，不断转移，又不断被掩埋于地下或沉入江河，后来又被不断从地下挖出或从水中捞获，重见天日，有说不完的发现、收藏故事；铜鼓形制千姿百态，铸造工艺精湛，今人难以企及和模仿，叹为观止；铜鼓纹饰繁花似锦，深藏历史奥秘，耐人品读，玩味无穷；铜鼓是神，是乐器、祭器、神器，是财富和权力重器，不断变换角色，永远离不开人们的视野；铜鼓还是诗人墨客吟咏对象，留下许多千古传颂的诗篇。

铜鼓是一本无字的民族历史百科全书，叙述着古老的人和神的故事；铜鼓是一首诗，不断掀起感情的波涛；铜鼓也是一首歌，将永远一直传颂下去，奔向新时代。

目录

第一章

何谓铜鼓

铜鼓，顾名思义，是用铜铸的鼓。

唐朝杜祐在《通典》中写道："铜鼓，铸铜为之，虚其一面，覆而击其上。"宋朝范成大在《桂海虞衡志》中说："其制如坐墩，而空其下，满鼓皆细花纹，极工致，四角有小蟾蜍。"周去非在《岭外代答》中也说，"其制正圆，而平其面，曲其腰，状若烘篮，又类宣座，面有五蟾，分踞其上。"这与中原地区木腔革鼓显然不同。现代考古学和民族学工作者把许多南方铜鼓搜集在一起进行比较研究，总结出它们的共同特征，确切地概括为五句话：通体皆铜，平面曲腰，一头有面，中空无底，侧附四耳。

图 1-1 南方铜鼓

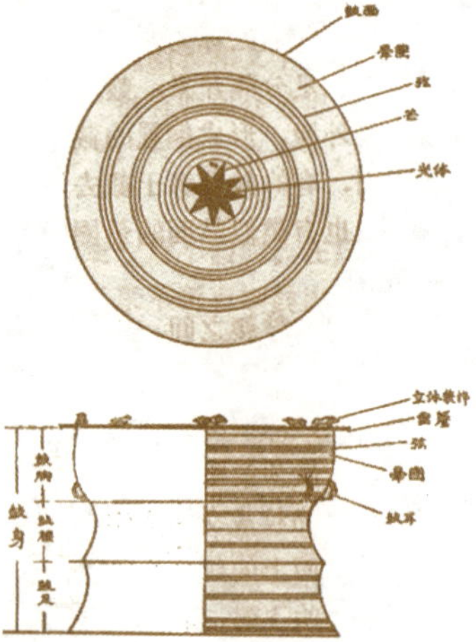

图 1-2 铜鼓结构示意图

　　南方铜鼓正是全身皆铜，浑然为一个整体。按铜鼓研究者习惯，它的每一个部位都有一个固定的名称。首先，从大的方面来看，铜鼓全身分为面、胸、腰、足、耳五个部分。

　　鼓面是一块大圆片，平展正圆，相当于革鼓的皮面。但铜鼓和革鼓不同，只有一个鼓面，与它相对应的另一端是空的。鼓面中心被敲击地方略微隆起，叫"光体"，旧志书上称为"脐"；四周有向外辐射的光芒，简称为"芒"。芒数多少不等，一般以十二芒为最普遍，其次是八芒和十芒，也有四芒、五芒、六芒、七芒，十一芒、十四芒，十六芒的，最多的有三十二芒。光体与光芒合起来称为"太阳纹"。太阳纹之外，有由内向外逐渐扩散开来的同心圆组成的宽窄不等的图案圈带，称为"晕圈"。同心圆有一道的、两道的和三道的，分别叫做"单弦"、"双弦"和"三弦"。弦与弦之间的空位称为"晕"，晕中填置各种花纹图案。晕的次序以鼓面中心为起点，由内往外数，分别称为第一晕、第二晕、第三晕……每一个鼓面一般是几晕或十几晕，最多的可达二十多晕。有的铜鼓在最外一晕塑造一些立体装饰物，最常见的是青蛙，个别的是鸟、龟，等距离旋转排列。鼓面边缘一般与鼓身相衔接，有的鼓面小于鼓身，有的鼓面则大于鼓身。大于鼓身的鼓面有伸出鼓身之外的面檐，有的面檐下垂，形成"垂檐"。

鼓身一般分为三节，最上一节和鼓面相连，叫做胸部（或者叫做胴部），一般略为外凸，形成一定球状弧度。鼓胸之下稍内收，称为腰部，大多为直筒形，上下两端有界线与胸和足分隔开来。鼓腰之下叫做足部，一般上小下大，略为外撇，形成倒置的截头锥状。晚期的铜鼓腰和足界线不明，有的鼓身等于截去足部，实际上只有上下两节。鼓身也有类似鼓面的晕圈，晕圈之间层层布满图案花纹。

在鼓胸与鼓腰之间，垂直嵌置鼓耳两对。鼓耳有圆茎和扁茎之分。圆茎耳像粗壮的实心环或半环，表面有一道道轮线纹，与鼓身黏接的两端往往做出歧爪。扁茎耳种类很多，一般为桥钮形，扁平而宽，正中有长条形孔，两侧是辫纹、栉纹或交织人字纹。

铜鼓表面上的纹饰丰富多彩，特别是一些写实图案，有展翅翱翔的飞鹭，有服饰华美的舞人，有奋发争先的龙舟……充满生活气息；另一些则是几何形图案，有层层叠叠的云雷纹，有密密麻麻的金钱纹，神秘莫测，令人眼花缭乱。

第二章

神奇铜鼓哪里来？

铜鼓是天上掉下来的，还是水里冒出来的？关于铜鼓来历，有许多民间的传说，古书多有记载，但众说纷纭。

第一节　各族不同的民间传说

壮族传说，铜鼓是天上雷公造的，雷公造铜鼓是用来耍威风的，天上的太阳就是雷公的铜鼓变的。

南丹白裤瑶族传说，铜鼓原是猴王的。

很久以前，居住在深山老林的瑶族老人蓝老宠，一天去地里收黄豆，由于劳累过度，躺在黄豆杆堆里睡着了。这时，有一只老猴带着一群小猴来偷吃黄豆，误将睡在黄豆杆堆里的蓝老宠当成它们死去的祖先，按照猴子的传统习惯，老猴死了要敲铜鼓祭丧，老猴令小猴到山洞里把铜鼓抬出来，替它们的祖先致哀。铜鼓敲响了，所有的猴子都围拢过来跳舞。蓝老宠被铜鼓声震醒，睁开眼，看见那么多猴子打铜鼓跳舞，觉得很新奇。但他又想，这个舞不知跳到什么时候才收场。猴子不走，他不敢起来。又等了很久，暗地里把猴子的舞蹈记熟了。后来他实在等不及了，突然大喊一声，从黄豆杆堆中站起来，猴子如闻晴天霹雳，老猴尖叫一声，领着猴群四散奔逃，撇下铜鼓，躲回山洞去了。蓝老宠把铜鼓背回村寨，从此世代相传，白裤瑶就有铜鼓敲，都跳铜鼓舞了。

但是更多的人还是相信铜鼓是人类祖先制造的，但究竟是哪个祖先创造的说法有不同。

壮族人说，铜鼓是壮族开天辟地的老祖宗布洛陀造的。

布洛陀造了天、地和人以后，就在天上安家了。但是

图 2-1
白裤瑶族现在使用的铜鼓

他有时会打开天门飞下地来倾听人间的意见，看看人间还缺少什么，再继续补造一些东西。

有人说："大地上样样都好，就是缺少星星。"布洛陀说："对呀，地上应该有自己的星星。"于是马上带领大家挖来三色泥，做成一个个两头大中间小的模子。又采来孔雀石，砍来青钢柴，烧石炼铜。经过三天三夜，孔雀石变成了金光灿灿的溶浆。布洛陀领着大家把溶浆倒进三采泥模子里。眨眼工夫，一个个两头大中间小、有四只耳朵的东西就造出来了。它一头封顶一头空，封顶的一头还有一个又大又亮的星星。大星星周围还有许多小星星。布洛陀拎起一个来，用拳头照大星星一擂，它就"抛曼抛奔"、"抛曼抛奔"地响起来。布洛陀大声地说："这些东西叫阿冉，它们就是地上的星星。"

壮语"阿冉"就是铜鼓，从此壮家就有了铜鼓。所以

图 2-2　壮族创世神
　　　　布洛陀塑像

壮族世世代代就留传着这样一首歌:

天上星星多,地上铜鼓多;

星星和铜鼓,给我们安乐。

瑶族传说,铜鼓是瑶族始祖密洛陀派他儿子制造的。传说月神把天升得高高的,同时生出十二个太阳,把大地烤焦了。密洛陀感到不妙,就吩咐他的孩子们,把山上的石头炼成铜和铁,造一个像太阳那样大的铜鼓,抬到世界最高的山顶上去猛敲,天上的太阳听到铜鼓声,往下一看,见到铜鼓上的星星闪闪发光,以为是某个太阳掉下地,便一起跑下来营救,密洛陀的孩子们拉开弓箭,连射十一发,射下十一个太阳,只剩下一个太阳逃回天庭。从此大地恢复了清幽凉爽,瑶族年年敲铜鼓以致庆贺。

那坡的彝族说,铜鼓是他们祖先波罗和罗里芬夫妇铸造的。彝族跳弓节唱的经诗《铜鼓王》,详细地叙述了他们历尽艰辛采矿、炼铜、制模、浇铸并制成铜鼓的全过程。先是波罗炼铜水,"炼了上百次,次次不成功。铜水变废水,难得成鼓身。起初在地上,挖个土坑坑,铜水倒下去,遍地黄生生。土坑漏铜水,此法不可用……想来又想去,用木作模型。做好木模子,再把铜水淋。铜水淋下

图 2-3　东兰番瑶肩扛铜鼓出寨准备演奏

去，模上火焰升。过了不多时，木模成灰烬。铜水满地淌，还是搞不成。"接着是他的妻子罗里芬想办法，"波罗铸铜鼓，总是铸不成。她虽看在眼，却是痛在心。偷偷打主意，暗暗动脑筋。自动当助手，用泥作模型。先用黄泥巴，加水拌均匀。揉搓成软泥，做成铜鼓形。晒干后，模子算做成。再把铜水灌，冷却成鼓身。铜鼓铸成了，夫妻最高兴。"开始铸出来的铜鼓厚重，声音哑，也不好看，后来加以改进，做轻做薄了，敲起来声音也好听了。

第二节　文献误读起纷争

古书又是怎么讲呢？有古书记载，铜鼓是东汉伏波将军马援创造的。

公元一世纪中叶，岭南交趾地区雒将之女征侧、征贰叛汉，汉光武帝刘秀拜马援为伏波将军，率兵南征。事后封马援为"新息侯"。《后汉书·马援列传》记载说："援好骑，善别名马，于交趾得骆越铜鼓，乃铸为马式，还，上之。"这是铜鼓记入中国正史的最早记载。

马援字文渊，扶风茂陵（今陕西兴平）人。先人本姓赵，因能服驭马，受赵惠文王赐爵号为"马服君"，子孙因之以马为姓。马援本人曾在西北从事养马和从军驯马多年，对养马、驯马有丰富的经验。他在献铜马式给汉光武帝的奏表中说："夫行天莫如龙，行地莫如马。马者，甲兵之本，国之大用。安宁则以别尊卑之序，有变则以济远近之难。"历述了古往今来的相马专家，自称曾拜相马专家杨子阿为师，"受相马骨法。考之于行事，辄有验效。"马援所铸铜马，高三尺五寸，围四尺五寸，得到光武帝批准，竖立在洛阳宣德殿下，作为名马样板，是当时标准的良马模型，也是汉代骏马塑像的纪念碑。

由于马援获骆越铜鼓以铸为马式一事已载入正史，唐、宋以来，不少人便把两广地区出土的铜鼓误以为是马援遗物，称之为"伏波鼓"，有人甚至误以为铜鼓是由马援一手创制的。最早将这种附会载诸文字的是南宋静江

（今桂林）知府范成大所著的《桂海虞衡志》。该书在《志器·铜鼓》条中说："铜鼓，古蛮人所用。南边土中时有掘得者，相传为马伏波所遗。"虽然范成大加了"相传"二字，表现了他的审慎，但他此说一出，使后人以讹传讹，生化出许多关于马伏波遗留铜鼓的传说。

这种传说在《桂海虞衡志》成书五十年以后就有了。王象之《舆地纪胜》卷一一八钦州条曰："铜鼓，古蛮人所用，钦州村落中时有掘得者，相传云，马伏波所余。"明代王士慎《广志绎》卷四也说过类似的话。

到清代这种传说更玄了。有关桂平铜鼓滩的传说就是如此。说马援征服交趾后班师回朝，利用郁江一浔江水道，乘船北上，船中载有两面铜鼓，到浔江与黔江交汇的大滩时，这两面铜鼓忽然跃起，跳入江中，后来一直沉没在水底，一千多年以后，到了明代万历年间和清代雍正年间，才分别被打渔人从水中打捞出来。这个大滩因而就叫铜鼓滩，也叫伏波滩。

除了马援遗铜鼓的传说之外，还有马援铸铜鼓的传说。此事可能也从《舆地纪胜》开始。《舆地纪胜》卷一〇六邕州条曰："铜鼓，马援所制"。嗣后《大明一统志》说："武宣县西四十里亦有铜鼓滩，或谓马援铸铜鼓于此"。魏浚《西事珥》说："旧府中有伏波将军所铸鼓，其一尚存。"张穆《异闻录》则说得更详：昔马伏波征蛮，以山溪易雨，制铜鼓。粤人亦谓雷、廉至交趾海滨卑湿，革鼓多痹缓不鸣，无以振威，故伏波铸铜为之，状亦类鼓，名曰："骆越铜鼓"。

马援铸铜鼓的说法也为清朝官方采纳。乾隆时官修《西清古鉴》在著录铜鼓图像时说："此器世多谓之诸葛鼓，盖武侯渡泸后所铸，然考马伏波平交趾亦铸铜为鼓，则先诸葛有之矣。"请注意"然考马伏波平交趾亦铸铜为鼓"句，显然是认为马援用铜铸鼓的。同书接着又说："大抵两川所出为诸葛遗制，而流传于百粤群峒者则皆伏波为之。"也就是说，百粤群峒即今两广地区流传的铜鼓都是马援铸造的了。

图 2-4　一面从广西流落到江苏镇江焦山寺的"伏波鼓"（采自《丹徒县志》）

由于受马援遗铜鼓、铸铜鼓传说影响和出于对马援的崇敬，在岭南的许多伏波庙、伏波祠中，都陈列着铜鼓，供人膜拜和观瞻。关于岭南的伏波祠里有铜鼓，明人郑定在《伏波祠怀古》诗中道：

> 荒祠衰草已凄然，犹有居人话昔年。
> 铜鼓苔生秋雨后，石墙花落夕阳边。

马援制造铜鼓之说，很早就有人指出其谬误。清嘉庆年间任广西巡抚的谢启昆在《粤西金石略》中说道："自石湖有'伏波所遗'一语，后人遂以鼓为援所制，且因伏波附会于诸葛，至谓大者为伏波鼓，小者为诸葛鼓，真误中之误矣。"

清人张祥河《粤西笔述》也说："马援既得铜鼓铸为马式，若以鼓为援所制，何以自铸而自销之，其非援物可知。铜鼓出于诸葛武侯未生之前，以为孔明所制，亦属附会。"檀萃《滇海虞衡志》说："铜鼓，粤人以为伏波，滇人以为诸葛，而实蛮之自铸也。"所言极是。

据现代学者研究，铜鼓创始期约在春秋时期，创始者是生活在中国西南地区的古代濮人，并不是某个英雄豪杰。马援时代所见的铜鼓已是铜鼓艺术繁荣时期的作品了。马援在南征交趾时可能见过铜鼓，也可能虏获过铜鼓，甚至也真的熔化铜鼓铸过马式，但他不可能铸造和到处遗留铜鼓，他绝对不会是铜鼓的创始者。

古书还有一种记载，说铜鼓是诸葛亮铸造的。

四川成都南郊有一座武侯祠，是纪念三国时蜀汉丞相诸葛亮的。在诸葛亮塑像前陈列着大小三面铜鼓。右侧一面较大，高 39 厘米，面径 64 厘米，鼓面中心太阳纹八芒，晕圈饰鸟纹，变形羽人纹及四出钱纹，边缘铸有青蛙六组，累蹲蛙与单蛙相间。此鼓放在一个木架上，木架上刻着："咸丰辛酉年清和月中浣吉旦蓉城弟子张瑞颖率子应星置"。

诸葛亮，字孔明，汉末琅琊阳都县（今山东沂水县）人，公元 181 年生，27 岁时参加刘备政治集团，为刘备出谋划策，担任蜀汉丞相，对支持刘备与曹操、孙权抗衡，促成三国鼎立之势，起过很大作用，对蜀汉开发西南民族地区做出过重大贡献，被封为武乡侯。诸葛亮活动的"南中"，汉代称为"西南夷"，主要包括今云南、贵州西部和四川西南一带，是濮、叟、僚等族群居住的地方。诸葛亮本着"西抚夷越"的方针，用以情动人的方式，对待南中的少数民族，演绎出惊心动魄的"七擒七纵孟获"的故事，收到了令当地民族首领心悦诚服的效果，改善了民族关系。诸葛亮还为老百姓做了不少好事，因此西南

图 2-5　供奉在成都武侯祠中的两广铜鼓

各族人民都很怀念他，到处设立祠庙祭祀他，流传着许多关于诸葛亮的美好传说。使用铜鼓的民族以为铜鼓是诸葛亮发明的，他们使用铜鼓的技能也是诸葛亮教会的，把创制和使用铜鼓之功归到诸葛亮名下，于是把铜鼓称为"诸葛鼓"或"孔明鼓"，有的甚至把铜鼓直接叫做"孔明"。在祭祀诸葛亮的祠庙里，供奉铜鼓也就是很自然的事了。

关于诸葛亮南征时制作铜鼓的事在民间有两种传说。

一种说法是，铜鼓是诸葛亮南征时在军中制作的。制作这种铜鼓，白天用来煮饭，夜晚用来敲击报警。明代万历年间(1573—1620 年)做过夔州通判的何宇度在《益部谈资》一书中，对铜鼓的形制、大小、纹饰图案，以及敲击的音响，作了生动具体的描述，他认为铜鼓是诸葛亮南征时制作的，因而把铜鼓称为"诸葛鼓"。他说：诸葛鼓，"孔明擒孟获时所制"。后来很多人的著作，都援引他的这一说法。

另一种说法是，诸葛亮制作铜鼓散埋山中，是为了镇压蛮夷。《明史·刘显传》说："相传诸葛亮以鼓镇蛮，鼓失，则蛮运终矣！"

这些传闻，始于明代，宋代以前没有。《三国志》"诸葛亮传"及其有关征南记载中没有提到铜鼓。《三国演义》对七擒孟获的描绘可以说淋漓尽至，也没有提到铜鼓。而在明代文献中则不断出现诸葛铜鼓的事。据《明史·刘显传》和《蛮司合志》记载，明万历初，四川巡抚曾省吾派大将刘显镇压川南都掌蛮，掠得"诸葛武侯铜鼓九十三面"，曾省吾选其中64面献给皇帝，并在上疏中称："都蛮呼铜鼓为诸葛鼓，相传以为宝器。"朱国桢《涌幢小品》称："凡破蛮必称获诸葛铜鼓，有多至数十面者，此必诸葛倡之，后人仿式而造。"

明代以后，中国西南地区的地方志书就常把铜鼓称为"诸葛鼓"。如《叙州府志》明说："铜鼓，相传武侯铸以镇蛮者，今田间往往耕出之。"该志书还录了顾图河一首诗，诗题就是"诸葛铜鼓"。其诗曰：

武侯未筑祁山垒，先出偏师渡泸水。

人言孟获不足擒，股掌玩之徒戏耳。

岂知北伐用南夷，正欲中原扫仇耻。

僰人筰马供鞭驱，罗鬼乌蛮皆效死。

至今铜鼓散山谷，峒户流传尚夸侈。

精铜其质革其音，想见援桴兵四起。

乌蛇龙虎倏四合，戎机万变人难拟。

曾传八阵有遗迹，更说旗台有故址。

此鼓千年尚宛存，血战消磨土花紫。

　　君不闻，

定军山下阴雨中，山鸣雷动声隆隆。

埋鼓镇蛮功未毕，反旗走敌憾无穷。

　　西南各地的传说，使人不得不相信，铜鼓就是诸葛亮造的。所以清人戴朱绂的《铜鼓歌》就说：

蛮溪毒雾苍虬舞，土人架阁悬铜鼓，

问是当年谁所留，尽说传自汉武侯。

　　因此清乾隆时官修《西清古鉴》图录在介绍铜鼓时就说："大抵两川所出为诸葛遗制"。

　　古时也讲名人效应，铜鼓一旦与诸葛亮拉上关系，它的身价也就不一般了。因此郭子章《黔记》就说，仲家（今布依族)"土人或掘地得鼓，即夸张言诸葛武侯所藏者"。《戎州志》说："相传为诸葛亮铸者，值数十镒，次者数镒。"有的铜鼓在铸造时，甚至直接打上诸葛亮的印记。

广西民族博物馆有一面铜鼓就铸有"天元孔明"铭文，这面铜鼓鼓面主晕是楷书"福寿进宝""天元孔明"八字和两个"寿"字篆书铭文。"天元"是明代初年元后主古恩帖木儿的年号，为公元 1378~1388 年。"孔明"就是铜鼓的代称。"天元孔明"就是天元年间制造的孔明鼓。

四川成都武侯祠那面小铜鼓，鼓身刻"汉诸葛武侯制，大清道光元年（1821）复制"铭文。说明清道光元年还有仿诸葛武侯铜鼓的事。

说铜鼓是诸葛亮创造显然是错误的。前节已经谈到，马援尚不可能是铜鼓的制造者，何况比马援晚 200 多年的诸葛亮？对于这种错误说法，古人已多次加以驳斥。清康熙年间有人得一铜鼓，山东人赵秋谷写了一篇《诸葛铜鼓歌》，他的同乡桂馥在《札朴》一书中批评这篇诗是"皆相传臆度之词"，他列举了《后汉书·马援传》、《林邑记》说明马援之前已有铜鼓，又列举虞喜《志林》、《晋书·食货志》、《隋书·地理志》、《南史·欧阳頠传》、《岭表录异》、《唐书》、《玉海》等书谈到铜鼓，"无一语及诸葛者"。他认为"铜鼓皆蛮夷自铸，诸葛无此举"。

第三节　考古发现探源流

　　将铜鼓正放，整个形态犹如一个扁形的木腔皮鼓放置在一个圆筒形的基座上。有人推测，铜鼓就是把皮鼓和鼓座合铸在一起而已。他们是从铜鼓的地理分布及其自然环境推演出来的，铜鼓分布地区纬度低，气候炎热多雨，土地卑湿，在这种环境下皮鼓容易受潮。皮鼓一旦受潮就会失去张力，声音变得低沉短促，木腔皮面也容易霉烂。为克服这种弊病，使皮鼓保持山鸣谷应的良好效果，在使用时，只好用火烘烤，这样做，在指挥战阵时就比较困难。怎么办呢？按照常理的推想，应当找一种不怕受潮的东西来替代。人类进入金属时代，懂得用铜和铜的合金制造器物。铜是不怕潮的，即使在雨地里敲击，同样会发出清脆的响声。人们知道铜的这个特性，于是就用铜鼓来代替皮鼓面和木鼓腔，而且将鼓面、鼓身和鼓座铸成一体，就成了铜鼓。根据这种推测，人们又把铜鼓的发明权归到东汉马援名下，说是马援带兵南征时最先发现木腔皮鼓不适用于阴雨潮湿的环境，才造出铜鼓来。

　　这些推想也受到研究者驳难。木腔皮鼓是膜鸣乐器，靠皮革的张力发声，铜鼓是体鸣乐器，靠金属体撞击发声。从木材皮革到全身金属，材质上的变化有许多中间环节，不可思议；从形态上看，也没发现与铜鼓形态相近的木腔皮鼓。二者之间找不到必然联系。

铜鼓究竟是从什么东西演化来的呢？

人类是由猿类进化而来的。人们研究人类的进化是由近及远，不断往远古追溯的。探索铜鼓的始祖，也只能由近及远地往前追寻它们的原始形态。研究铜鼓的学者经过千辛万苦，搜集了大量的铜鼓资料，将这些铜鼓反复分类排比并分析其时代特征，然后一步一步往前推进，终于找到了铜鼓的"老祖宗"。

中国学者很早就注意到铜鼓的形态像倒过来放置的炊具或容器。《蜀中广记》引《游梁杂记》说："诸葛鼓，其形圆，上宽而中束，下则敞口，大约若今楂斗之倒置也。"同书又引《戎州记》说，"铜鼓旁范八卦及四蟾蜍，状似覆盆。"近人曾瓶山的《铜鼓歌》曰："腰间束缩腹底空，兀若坐墩宛覆釜"。正因为如此，在晚近还有人把铜鼓翻转过来倒放着当容器储存粮食杂物，甚至用作炊煮之器。

20世纪50年代初叶，云南省博物馆在金属回收部门拣选到一面形制古朴的铜鼓，这种铜鼓是以前没有见过的。在 1959 年出版《云南省博物馆铜鼓图录》时，将这面铜鼓的照片和拓本印出，在文字说明中指出："整个鼓的制作风格显得非常原始，很可能是甲式鼓中最早的一种形式。" 1960 年 3 月，在云南楚雄县东北境内的大海波，因修小型水电站，在河沙层中挖出一面全无纹饰的铜鼓。这面铜鼓被带回昆明后，在云南省博物馆的入库登记卡上，开始填为"铜鼓"，但因鼓面太小，足部很短，两对耳太细小，与以前的铜鼓不同，遂改填为"铜釜"，但经仔细观察，发现还是像铜鼓，而且胸部有两处开孔，不能作炊具，故又改填为"铜鼓"。这面铜鼓被三易其名，说明它的形态处在铜鼓与铜釜之间，究竟是铜鼓还是铜釜，一时难以确定。

1964 年，在云南祥云县东南的大波那木椁铜棺墓中出土一面铜鼓，形体高瘦，鼓面有一个四芒的光体，同这面铜鼓一起出土的还有一件铜釜，大口鼓腹，底小而平，翻转过来，和这面铜鼓十分相像。在发表这座墓葬的考古报告时，研究人员印出了一张将铜釜倒置的照片，指出："此釜形状和铜鼓十分近似，倒置过来看，其异于铜鼓者，只不过是打击面的直径较小，足边无折棱而已。过去，对铜鼓来源于何物，颇多揣测，迄无定论，此式釜之出现，又增添了一个值得注意的线索。"

类似大波那的铜鼓，后来在云南中部地区陆续被发现，至 20 世纪 70 年代，考古学家冯汉骥在《云南晋宁出土铜鼓研究》一文中明确指出：

从早期铜鼓的形制来看，它似乎是从一种实用器（铜釜）发展过来的。大概在云南地区的青铜器时代早期，曾使用过一种鼓腹深颈的铜釜，这种铜釜是炊器，又可将其翻转过来作为打击乐器。祥云大波那铜棺墓中这种形状的铜釜及铜鼓的发现，给了我们以明确的启示，说明了早期铜鼓的一些特别形状的来源，例如鼓面为什么较小，胴部为什么特别膨胀，鼓身为什么缩小，鼓足为什么又复行侈开，鼓耳为什么在胴部与鼓体之间，等等。这都是因为：鼓面原本是釜底，胴部原是釜腹，鼓身原是釜颈的延长，鼓足原是釜口，鼓耳原是釜腹与颈之间的釜耳。又因为整个铜鼓是从铜釜发展而来，所以打击面只有一面而非两面。

1975 年，云南楚雄县城东南约 3.5 公里的万家坝，因该县良种场搞农田基本建设而发现一群古墓，云南省博物馆的考古工作者从其中一座大墓的腰坑中挖出 1 面铜鼓、3件铜釜、6件铜羊角钮钟和100多件其他青铜器，其中有一件铜釜是用铜鼓改制而成的：将铜鼓翻转过来，在鼓足边上加铸一对辫索形耳就成了铜釜。同年10月，在同一墓地23号墓棺底垫木之下挖出4面铜鼓、大量青铜工具和兵器。这4面铜鼓的外表都很粗糙，鼓面小，胸部特别突出，腰细而长，足短而向外侈。这些铜鼓的外壁都没有花纹，但内壁有花纹，推测原来是足部朝天倒放着使用的。因为只有倒放，内壁的花纹才能看得见。这些铜鼓出土时也确确实实是倒放着的，同那些铜釜放置的形态完全一致。鼓面上有烟熏痕迹，也说明它们确曾作炊具用过。这就更证实了铜鼓来源于铜釜的推断。

这一次又一次的发现，使铜鼓研究者产生一系列联想。万家坝墓葬的发掘简报稿指出：

　　万家坝所出铜鼓，是迄今为止我国经科学发掘所获铜鼓中之最原始者。这批铜鼓器身似釜，而且大部分鼓表面有烟痕，明显曾作炊爨之用；与此同时，有的釜又是利用铜鼓改制的，如M1：10。这些都足以证明本地的铜鼓不但是从釜发展而来，而且尚停留在乐器、炊器分工不十分严格的初期阶段。这对于解决铜鼓产生的时代、地点以及追溯其发展的源流，都具有重要的意义。

铜鼓是铜釜演变而来的，万家坝铜鼓与铜釜共出，酷似铜釜，是最原始的铜鼓。这个结论到 20 世纪 70 年代末逐渐为大家所接受，1980 年 4 月在中国古代铜鼓学术讨论会上正式命名为万家坝型铜鼓。

在云南中部，云贵高原被许多呈折扇状分布的河流切割成平顶的高山和陡峭的河谷。丘陵和盆地交错并存，蕴藏着丰富的矿藏和水力资源。在这块地方，很早就有人类生活，在元谋县上那蚌发现的猿人化石来自距今 170 万年前的人类；在元谋县大墩子和宾川县白羊村发现过距今 4000~3500 年前的村落遗址，海门口发现距今 3100 年前的铜石并用时代的村落遗址，这些都显示出人们已经开始开采铜矿和使用铜器。从楚雄、祥云古墓出土的青铜器来看，滇池地区开始使用铜器的时间也很早，到春秋战国时代就有了发达的青铜文化，这种青铜文化所具有的青铜冶铸业足以铸造出巨大而复杂的铜棺和日用容器，为铸造铜鼓创造了必备的技术条件。铸造铜鼓需要大量的青铜原料，从《汉书·地理志》记载可知，云南中部的江川、玉溪出铜矿，通海、河西、个旧、蒙自、峨山

图 2-6　万家坝型铜鼓是最原始的铜鼓

出锡矿，在西汉以前就已著名，现代地质部门调查表明，禄丰、易门、楚雄、大姚、剑川、大理都有铜矿。楚雄万家坝的西周至春秋时代墓葬中，既有铜鼓，又有铜釜，并获得铜鼓起源于铜釜的直接证据。这个时代，大致相当于越南青铜文化的门丘期，反映出来的铸铜鼓技术却比门丘期高超，并具备了使用陶范铸造较大型容器的能力。这种铸造技术是创造铜鼓的必要前提。另外，从目前发现铜鼓的情况来看，原始形态的铜鼓都集中发现于云南中部偏西地区，如楚雄、弥渡、祥云、昌宁等几个县，在这个地区以外，没有发现过这么古老的铜鼓。这种早期铜鼓往后发展，就是石寨山型铜鼓。云南中部地区出土的铜鼓从早期到晚期可以排成队列自成系统，发展脉络清晰。而原始类型铜鼓又从当地出土的铜釜、陶釜的形态上可以找到渊源关系，证明它们完全是在这里土生土长的。由此可见，铜鼓最初产生于云南，集中在滇池以西、洱海以东、元江以北、金沙江以南的地区。这个地区最大的河流是礼社江，那里生活着古老的百濮族群。礼社江在古代称为濮水，濮水因濮人而得名。

由此可见，神奇的铜鼓不是无源之水，无根之本，也不是马援、诸葛亮创造的，而是生活在云南西部礼社江流域居民创造的，是从炊具铜釜演变而来的。百濮是百越的近亲，作为一种文化载体，通过大江大河，铜鼓很快就传到岭南百越地区。岭南越人接受了铜鼓文化，并将其发扬光大。

第三章　史不绝书传载籍

汉代以来，有关铜鼓的记载"史不绝书"。其中既有正史、野史，也有笔记小说、诗词歌赋，林林总总。它们从不同角度记录了铜鼓的发现、使用、流传及其有关的风俗民情。通过这些记载，可以追溯铜鼓起源的来龙去脉，铜鼓在各地的大致分布范围，使用铜鼓民族的经济、文化面貌。

第一节　汉代马援得铜鼓

1963 年春，中国著名历史学家郭沫若来南宁出席广西历史学会成立大会并到广西壮族自治区博物馆参观铜鼓。他填了一阕《满江红》，其中写到："东汉马援曾此见，道光年号界其下"，把广西铜鼓的悠久历史一语道尽。所谓"东汉马援曾此见"，是指《后汉书·马援列传》中的一段记载：马援"好骑，善别名马，于交趾得骆越铜鼓，乃铸为马式，还，上之。……有诏置于宣德殿下，以为名马式焉。"讲的是东汉马援喜爱骑马，善于识别良马，东汉初年，岭南交趾骆王之女征侧、征贰两姊妹造反，很快占领了六十余城。汉光武帝刘秀决定派兵进剿，任马援为伏波将军带兵。马援在进军岭南的过程中，获得骆越铜鼓，将这些铜鼓熔化了，用来铸成良马模型，班师回朝时，献给皇帝。皇帝下令把这些良马模型放在宣德殿下，作为识别良马的标本。

《后汉书·马援列传》关于铜鼓的这段话是正史中关于铜鼓的最早记录。自此以后，有关广西铜鼓的记载，连绵不绝。

《后汉书》作者范晔是南朝宋时人，他利用《东观汉纪》和其他有关东汉史实著作资料，写成《后汉书》这部史书。其中《马援列传》是写得很有生气的列传之一。研究铜鼓的人都十分重视这段记录，很多文章对此作过详细考证

图 3-1 《后汉书·马援传》书影

和阐述。但其中关于铜鼓的文字过于简略，给后人留下许多疑问。马援获得铜鼓的地点究竟在哪里？他是采取什么方式获得铜鼓的？骆越铜鼓是什么样的铜鼓？仅从这段文字难以猜度。交趾是汉朝的一个郡，它的范围很大，其中大部分在越南北部，也有一部分在广西南部，这些地方既是骆越人的世居之地，也是马援征战活动的地区。在这里获得铜鼓是不成问题的。

第二节　晋代俚僚铸铜鼓

在《后汉书》成书之前，晋代人裴渊写过《广州记》一书，并记载过铜鼓。但是这本书已经失传。到唐朝章怀太子李贤为《后汉书》作注时引用到它李贤引用《广州记》中的一段记载来为马援获骆越铜鼓事件作注释，涉及东晋时代广州境内的俚僚人铸造铜鼓的仪式：

俚僚铸铜为鼓，鼓唯高大为贵，面阔丈余。初成，悬于庭，克晨置酒，招致同类，来者盈门，豪富子女，以金银为大钗，执以叩鼓，叩竟，留遗主人也。

俚僚是生活在岭南地区的少数民族，他们用铜铸鼓，铸成的铜鼓以高大者为贵重，有的鼓面有一丈多宽。每铸成一面大铜鼓，人们都要举行一次重大仪式，把铸造出来的铜鼓悬挂在庭院里，摆上丰盛的酒席，邀请宾朋好友前来聚会；豪富人家的子女用金银做铜鼓钗，拿来敲击铜鼓，敲完后把金钗银钗留赠给主人。

晋代的"广州"是一个很大的地区，辖南海、郁林、苍梧、宁浦、高凉、晋兴等郡，包括现在广西的梧州、玉林、贵港、北海、钦州、南宁等市。所谓"俚僚"就是当时生活在这一带的少数民族。他们铸造"大"铜鼓，鼓面直径"丈余"，即是我们现在说的北流型、灵山型大铜鼓。

比《广州记》还要早记载铜鼓的著作是三国时吴国人万震写的《南州异物志》。《南州异物志》记载：交广之界的乌浒人，"击铜鼓，歌舞饮酒"。所谓"交广"即交州和广州。三国东吴时的交州治所在龙编（今越南的河内），辖境相当于今越南承天以北诸省和广西防城港、钦州、北海地区及广东雷州半岛。广州治所在番禺（今广州市），辖境相当于今广东、广西大部分地区。交广二州交界处包括广西的北海、钦州、玉林等地。生活在这一带的乌浒人使用铜鼓，他们敲击铜鼓，唱歌、跳舞，以助酒兴。

唐代开始设置史馆编修国史，贞观十八年（644）唐太宗下诏，命令宰相房玄龄领衔对南齐臧荣绪撰写的《晋书》进行重修，两年后修成。在这部《晋书》的《食货志》中记录了太元三年（378）的一份皇帝诏书：

> 太元三年诏曰：钱，国之重宝，小人贪利，销坏无已，监司当以为意。广州夷人，宝贵铜鼓，而州境素不出铜。闻官私贾人，皆于此下贪比输钱，斤两差重，以入广州，货与夷人，铸败作鼓。其重为禁制，得者科罪。

《食货志》是正史中的经济篇。经济篇中出现毁钱铸铜鼓的记载，说明当时广州境内夷人毁钱铸鼓的事已对

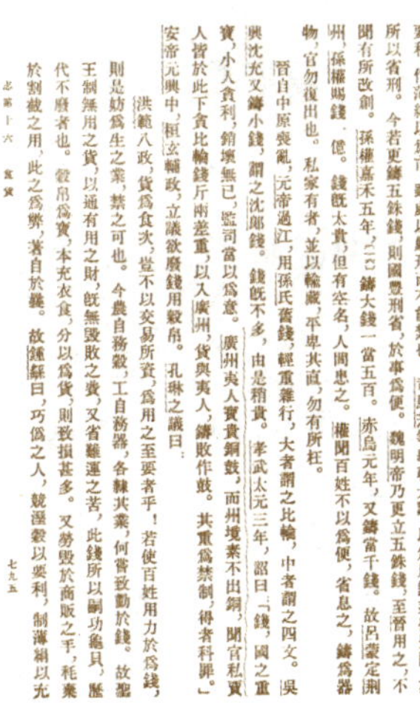
要利，作薄絹以爲市，雖處以嚴刑而不能禁也。司馬芝等舉朝大議，以爲用錢非徒豐國，亦所以省刑。今若更鑄五銖錢，則國豐刑省，於事爲便。魏明帝乃更立五銖錢，至晉用之，不聞有所改創。孫權嘉禾五年，〔一〇〕鑄大錢一當五百。赤烏元年，又鑄當千錢。故呂蒙定荆州，孫權賜錢一億。錢既太貴，但有空名，人間患之。權聞百姓不以爲便，省息之，鑄爲器物，官勿復出也。私家有者，並以輸藏，平卑其直，勿有所枉。

晉自中原喪亂，元帝過江，用孫氏舊錢，輕重雜行，大者謂之比輪，中者謂之四文。吳興沈充又鑄小錢，謂之沈郎錢。錢既不多，由是稍貴。孝武太元三年，詔曰：「錢，國之重寶，小人貪利，銷壞無已，監司當以爲意。廣州夷人寶貴銅鼓，而州境素不出銅，聞官私賈人皆於此下貪比輪錢斤兩差重，以入廣州，貨與夷人，鑄敗作鼓。其重爲禁制，得者科罪。」安帝元興中，桓玄輔政，立議欲廢錢用穀帛。孔琳之議曰：

洪範八政，貨爲食次，豈不以交易所資，爲用之至要者乎！若使百姓用力於爲錢，則是妨爲生之業，禁之可也。今農自務穀，工自務器，各肆其業，何嘗致勤於錢。故聖王制無用之貨，以通有用之財，既無毀敗之費，又省難運之苦，此錢所以嗣功龜貝，歷代不廢者也。穀帛爲寶，本充衣食，分以爲貨，則致損甚多。又勞毀於商販之手，耗棄於割截之用，此之爲弊，著自於曩。故鍾繇曰，巧僞之人，競濕穀以要利，制薄絹以充

志第十六　食貨　七九五

图 3-2 《晋书·食货志》书影

国家流通的货币构成威胁。

晋时的"夷人"就是"俚僚"。他们因为特别珍视铜鼓，不惜熔化流通货币（铜钱）来铸造铜鼓。为此皇帝不得不下诏令，指出：铜钱是国家的重宝，有人因贪小利而把它废坏，必须引起有关部门注意。广州境内不产铜矿，听说官私商人把短斤缺两铜钱输入广州，卖给当地少数民族，让他们熔毁铸作铜鼓。这种行为必须严加禁止，抓到就要治罪。

第三节　南朝欧阳献铜鼓

唐太宗在命令房玄龄修《晋书》之前，曾于贞观三年（629）命令姚思廉修《陈书》，贞观十年（636）《陈书》完成。《陈书》是反映南朝陈的历史的官书，在这部书的《欧阳頠传》中记载了欧阳頠跟随兰钦南征夷僚缴获大铜鼓的事。

（欧阳頠）常随（兰）钦征讨……钦南征夷僚，禽陈文彻，所获不可胜计，献大铜鼓，累代所无。……頠至岭南，皆慑伏，仍进广州，尽有越地。……頠弟盛为交州刺史，次弟邃为衡州刺史，

图 3-3　《陈书·欧阳頠传》书影

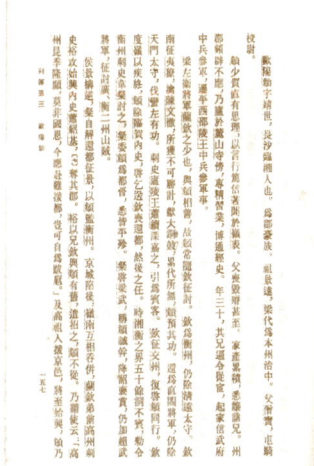

合门显贵，名震南土。又多致铜鼓、生口献奉。

　　欧阳頠常跟随兰钦打仗，兰钦南征，抓到俚帅陈文彻，缴获了不可胜数的战利品，在献给皇帝的战利品中有历代都未见过的大铜鼓。欧阳頠来到岭南，进军广州，占领了全部越人（俚僚）居住区。欧阳頠之弟欧阳盛做交州刺史，次弟欧阳邃做衡州刺史，整个家族都很显贵，威名震动南土，又常得别人给他奉送铜鼓和俘虏。

　　后来，李延寿收集梁、陈各朝的史料写成《南史》一书，把《陈书》中的欧阳頠传的这一部分抄下来。《南史·欧阳頠传》记载与《陈书·欧阳頠传》所载大致相同。兰钦所征之"夷僚"就是《广州记》中的"俚僚"，也就是《晋书》所说的"夷人"、《南州异物志》所说的"乌浒"。夷僚、俚僚、夷人、乌浒，实是同一个族群的不同称呼。这些族群主要生活在广西东南部与广东西南部相连接的地区。兰钦征讨他们，不但擒获了他们的首领陈文彻，掳掠了生口，而且缴获了大量铜鼓。可见这些"夷僚"是拥有和使用铜鼓的族群。

第四节　隋代俚人铸大鼓

隋朝灭亡不久，唐太宗就组织编修了《隋书》。《隋书》记载隋代三十八年的历史。其中《地理志》记载了岭南各族"铸铜为大鼓"、鸣鼓集众的习俗：

> 自岭已南二十余郡，大率土地下湿，皆多瘴疬，人尤夭折。南海、交趾各一都会也，并所处近海，多犀象、玳瑁、珠玑、奇异珍玮。故商贾至者，多取富焉。其人性并轻悍易与逆节，椎结箕踞乃其旧风。其俚人则质直尚信，诸蛮则勇敢自立，皆重赇轻死，唯富为雄。巢居崖处，尽力农事，刻木为

符契，言誓则至死不改，父子别业，父贷乃有质身于子。诸獠皆然，并铸铜为大鼓，初成，悬于庭中，置酒以招同类，来者有豪富子女，则以金银为大钗，执以叩鼓，竟乃留遗主人，名为铜鼓钗。俗好相杀，多构仇怨，欲相攻，则鸣此鼓，到者如云。有鼓者，号为都老，群情推服。本之旧事，尉佗于汉自称蛮夷大酋长老夫臣，故俚人犹呼其所尊为倒老也，言讹，故又称都老云。

所记录的庆贺铜鼓铸成的仪式和《广州记》记载的完全相同。不同的是，这些铜鼓有特殊的号令作用："欲相攻，则鸣此鼓，到者如云"，而拥有铜鼓者，"号为都老，群情推服"，可见铜鼓已成为权力的象征。

第五节　唐代出土视为怪

铜鼓沉埋地下，已经被人遗忘。忽有一日，重新出土，则难免被视为"怪异"。这种怪异，最早被《岭表录异》记录了下来。

图 3-4 《隋书·地理志》书影

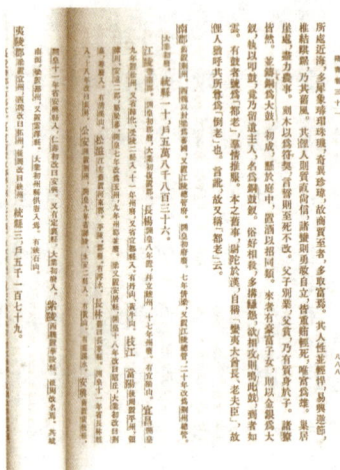

　　《岭表录异》又名《岭南录异》，也叫《岭表记》或《岭表录》，是唐代末年（889~902）的一部著作。作者刘恂，在唐昭宗时任广州司马。当时，各镇节在镇压黄巢起义后羽毛正丰，兵逼京城，火拼中原。刘恂在任满后正准备回京，碰上兵慌马乱，道路不通，只好留下来，寓居番禺（今广州）。在乱世逆境中，他没有沉屯荒疏，而是利用这个机会，广采博闻，撰成此书。

　　《岭表录异》记述岭南地区的风物，草、木、虫、鱼、鸟、兽和风土人情，内容十分丰富。《新唐书·艺文志》把它列入地理类著作。到宋代，这本书被视为了解岭南社会的权威之作，《太平寰宇记》、《太平广记》、《太平御览》等书征引甚多，尤以明代《永乐大典》所录的最详。

但自宋代(10—13 世纪)这本书就亡佚了。现在我们看到的《岭表录异》主要是从《永乐大典》中辑录出来的。

《岭表录异》是由一位直接接触过铜鼓的人所写的书，也是最早直接描绘岭南铜鼓的书，在铜鼓文献上拥有极为重要的地位。

现将《岭表录异》有关铜鼓的文字抄录如下：

蛮夷之乐有铜鼓焉。形如腰鼓而一头有面。鼓面圆二尺许。面与身连，全用铜铸。其身遍有虫鱼花草之状，通体均匀，厚二分以来，炉铸之妙，实为奇巧。击之响亮，不下鸣鼍。贞元中，

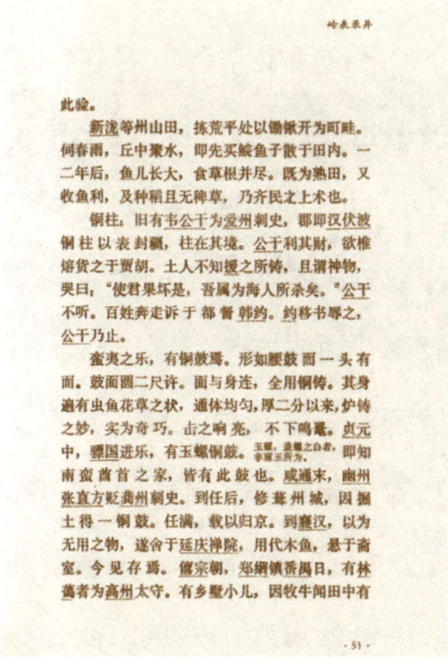
岭表录异

此验。

新泷等州山田，拣荒平处以锄锹开为町畦。伺春雨，丘中聚水，即先买鲩鱼子散于田内。一二年后，鱼儿长大，食草根并尽。既为熟田，又收鱼利，及种稻且无稗草，乃齐民之上术也。

铜柱：旧有韦公干为爱州刺史，郡即汉伏波铜柱以表封疆，柱在其境。公干利其财，欲椎熔货之于贾胡。土人不知援之所铸，且谓神物，哭曰："使君果坏是，吾属为海人所杀矣。"公干不听。百姓奔走诉于都督韩约。约移书辱之，公干乃止。

蛮夷之乐，有铜鼓焉。形如腰鼓而一头有面。鼓面圆二尺许。面与身连，全用铜铸。其身遍有虫鱼花草之状，通体均匀，厚二分以来，炉铸之妙，实为奇巧。击之响亮，不下鸣鼍。贞元中，骠国进乐，有玉螺铜鼓。玉螺，盖螺之白者，非琢玉所为。即知南蛮酋首之家，皆有此鼓也。咸通末，幽州张直方贬龚州刺史。到任后，修龚州城，因掘土得一铜鼓。任满，载以归京。到襄汉，以为无用之物，遂舍于延庆禅院，用代木鱼，悬于斋室。今见存焉。僖宗朝，郑续镇番禺日，有林蔼者为高州太守。有乡墅小儿，因牧牛闻田中有

· 51 ·

图 3-5 《岭表录异》书影

骠国进乐，有玉螺铜鼓，即知南蛮酋首之家皆有此铜鼓也。咸通末，幽州张直方贬龚州刺史，到任后，修葺州城，因掘得一铜鼓。任满，载以归京。至襄汉，以为无用之物，遂舍于延庆禅院，用代木鱼，悬于斋室，今见存焉。僖宗朝，郑絪镇番禺日，有林霭者，为高州太守。有乡墅小儿，因牧牛，闻田中有蛤鸣，牧童逐捕之。蛤跃入一穴，遂掘之，深大，即蛮酋冢也。穴中得一铜鼓，其色翠绿，土蚀数处损阙，其上隐起，多铸蛙黾之状。疑其鸣蛤即铜鼓精也。遂状其缘由，纳于广帅，悬于武库，今尚存焉。

　　由这段文字可以看到，刘恂对铜鼓观察得很仔细，记录得也很周详。他不但记录了铜鼓的外形"形如腰鼓而一头有面""面与身连"；记录了铜鼓的颜色"其色翠绿，土蚀数处损阙"；还记录了铜鼓的尺寸，"鼓面圆二尺许"，鼓身"通体均匀，厚二分以来"；记录了铜鼓装饰花纹"其身遍有虫鱼花草之状"，"其上隐起，多铸蛙黾之状"；铜鼓的音响"击之响亮，不下鸣鼍"。总之，有关铜鼓的几个要素都已记录齐全。更重要的是，他还记录了 3 件有关铜鼓的具体事件。一是唐德宗贞元年间骠国进乐，其中有铜鼓一项，反映了铜鼓在中外文化交流中的作用；二是唐懿宗咸通末年任龚州（今广西平南）刺史的张直方在主持修葺州城时从地下挖出铜鼓，并将这面铜鼓携带到了湖北的襄汉，施舍给延庆禅院代作木鱼；三是唐僖宗时，有牧童在高州因追捕青蛙，在蛮酋冢中挖出一面铜鼓，这面铜鼓由当时高州太守林蔼献给广州都督府。更为可贵的是，刘恂不但记录了龚州、高州铜鼓出土、流传的情况，还注意到了它们当时的现状，如龚州铜鼓是咸通末年出土的，张直方把它带到湖北襄汉，到刘恂著书时已有二三十年，刘恂注明这面铜鼓仍在襄汉，"悬于斋室，今见存焉"；高州铜鼓是僖宗朝出土的，到刘恂著书时，已一二十年，也还"悬于武库，今尚存焉"。刘恂不但明确铜鼓是"蛮夷之乐"，而且认定铜鼓是"南蛮酋首之家"的东西，认定高州铜鼓出土的地方是"蛮酋冢"。这些都是符合实际的。

但是《岭表录异》也有一个不小的错误。据饶宗颐考证：郑絪是唐宪宗元和五年三月出任岭南节度使的，《岭表录异》把它说成僖宗朝，显然弄错了（《铜鼓余论》）。假若此铜鼓真是献给郑絪的话，其出土时间应是在唐宪宗元和年间。

在《岭表录异》之前，文献所载铜鼓都是一个族群或部族所使用的灵物，对外族人来说是很神秘的，所以只有浮光掠影的描述，并没有真正接触到实际。《岭表录异》不但提到还在使用的骠国铜鼓，而且首次记载了出土的铜鼓。它们已不是现实中的灵物，而是被人们遗忘了的"无用之物"。它们被发现后用作木鱼的代用品，或作其他摆设，或悬于斋室，或悬于武库，以便于士大夫文人观察、摩挲和考究。从这方面来看，《岭表录异》在有关铜鼓的文献中具有很重要的史料价值，并受到铜鼓研究家的特别推崇。

第六节　宋代耕者屡得之

到宋代，广西出土铜鼓的事例更多了，也更加引起文人学士们的重视，有不少书记载了广西铜鼓的情况。

《宋史·南蛮列传》记载生活在广西的少数民族使用铜鼓，并将铜鼓作为最珍贵的礼品和权力的象征献给中央王朝：宋太宗淳化元年（990），南丹州蛮首领莫洪暐卒，其弟莫洪皓袭称刺史，为了求得中央王朝认可，派儿子莫淮通向宋王朝进贡方物，贡品中有 20 个银碗和 3 面铜鼓。

《宋史·五行志》记载：宋神宗熙宁元年（1068）至元丰元年（1078），10 年时间内横州（今横县）共获古铜鼓 17 面；元丰七年（1084）十一月，宾州（今宾阳）

又获铜鼓 1 面。

南宋孝宗乾道九年（1173）至淳熙二年(1175)，吴郡（今江苏省苏州）人范成大到桂林任广南西路经略安抚使兼静江府知府，旅桂 3 年，离任后，将在广西所见所闻写成《桂海虞衡志》一书。这本书明确记载："铜鼓，古蛮人所用，南边土中时有掘得者，相传为马伏波所遗。"范成大在广西可能见到过铜鼓，有条件对铜鼓的形制、纹饰和使用方法作形象的描述："其制如坐墩，而空其下，满鼓皆细花纹，极工致，四角有小蟾蜍。两人舁行，以手拊之，声全似鞉鼓。"

比范成大稍晚，永嘉（今浙江省温州）人周去非在淳熙 (1174—1189) 年间到桂林做桂州通判，并分管宁越（今钦州）。为回答亲朋故友对岭南风物的询问，他以《桂海虞衡志》为蓝本，将自己在广西耳闻目睹的风土人情、奇闻异趣，条分缕析写成《岭外代答》一书。这本书中对广西铜鼓的记载比《桂海虞衡志》更加详细和具体。

广西土中铜鼓，耕者屡得之，其制正圆，而平其面，曲其腰，状若烘篮，又类宣座。面有五蟾，分据其上。蟾皆累蹲，一大一小相负也。周围款识，其圆纹为古钱，其方纹如织篦，或为人形，或如琰璧，或尖如浮图，如玉林，或斜如豕牙，如鹿耳，各以其环成章，合其众纹，大类细画圆阵之形，工巧微密，可以玩好。铜鼓大者阔七尺，小者三尺，所在神祠佛寺皆有之，州县用以为更点。交趾尝私买以归，复埋于山，不知其何义也。……或谓铜鼓铸在西京以前。此虽非三代彝器，谓铸当三代时可也。亦有极小铜鼓，方二尺许者，极可爱玩，类为士夫搜求无遗矣。

周去非《岭外代答》对广西铜鼓的形制、纹饰描述得相当细致和准确，并且明确指出，"所在神祠佛寺皆有之，州县用以为更点。"

在宋朝人的眼中，铜鼓造型美观，纹饰精细，蟾蜍

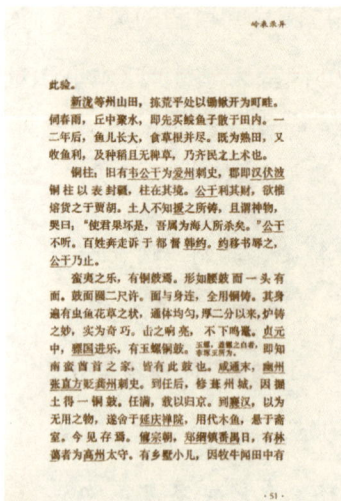

图3-6 《岭外代答》书影

（青蛙）形象富于变化，生动传神，能给人以美感，"可以玩好"。因此，引起了士大夫们的搜求兴趣。可以说，这时的铜鼓，在文人士大夫心目中已是一种有着很高艺术价值的艺术品了。

铜鼓使用习俗和铜鼓地名的出现，也引起地理学家们的重视。大约在南宋理宗宝庆年间（1225~1227）由王象之撰成的地理总志《舆地记胜》，以南宋十六路版图宝庆以前建制为标准，叙述了当时各地的沿革、风俗形胜，并记载了许多州郡的铜鼓地名、使用铜鼓的习俗和与铜鼓有关的传闻。有关广西各州的铜鼓地名，包括容州、象州、邕州、藤州、浔州、融州、钦州、郁州的铜鼓山、铜鼓滩、铜鼓潭、铜鼓濑等，都载入《舆地记胜》一书中。如钦州铜鼓，"古蛮人所用，钦州村落中时有掘得者。相传云，马伏波所余，又云，乃诸葛武侯征蛮所具。"又如郁州铜鼓山，"在南流县，旧经云：昔有铜鼓现于此山。"

第七节　明代大小有区别

明朝人对铜鼓的兴趣大增，有不少文献涉及铜鼓，但具体说到广西铜鼓的不很多。广东南海人邝露（1604—1650），曾亲临广西游历，为瑶女云享单娘留掌书记，回乡后，整理见闻，写成《赤雅》一书，其中将铜鼓区分为伏波铜鼓和诸葛铜鼓，略见铜鼓分类的端倪：

> 伏波铜鼓，深三尺许，面径三尺五寸，旁围渐缩如腰形，复微展而稍弇其口，锦纹精古，翡翠焕发。鼓面环绕蛙黾十数，昂首欲跳。中受击处，平厚如镜。两粤、滇、黔皆有之。东粤则悬于南海神庙，西粤则悬于制府厅事。东粤二鼓，高广倍之，雌雄互应。夷俗赛神宴客，时时击之。重赏求购，多至千牛。制度同而小过半者，诸葛鼓也，价差别矣！

这里所说的"伏波铜鼓"是指两广云开大山区所出的云雷纹大铜鼓，因为这些地区是汉代伏波将军马援南征经过的地方，有学者以为这里出土的铜鼓都是马伏波南征所遗留，故称之为伏波铜鼓。所谓"诸葛鼓"则是指西南地区当时民间还在使用的小铜鼓，因为诸葛亮南征所到是西南地区的四川、重庆、贵州、云南，因此有人把这里流传的铜鼓误以为是诸葛亮所遗留，故称之为诸葛鼓。

图 3-7 《赤雅》书影

伏波铜鼓深三尺许面径三尺五寸旁圆渐缩如腰
形复微展而稍敛其口日锦纹稍古翡翠焕发侵面环
遗作一本无龟躯十数首欲跳中受击处平厚如
镜雨粤滇黔昔有之东粤则悬於南海神庙西粤如
悬於制府腕者东粤二鼓高广倍之雌雄互应夷俗
赛神宴客时繫之重贵求购多至千牛制底同而
小遗半青馀葛鼓也价差别关

伏波铜鼓 赤雅下

福建松溪人魏濬于万历年间（1573~1620）来广西
任提学佥事。他注意搜集民族奇观并写成《西事珥》一
书，记载了旧府中的铜鼓。其中有一面铜鼓被税监献给了
内庭，只剩木架；制府厅事左右也有铜鼓两架；村民偶
于土中掘得铜鼓，动辄就称是伏波将军或诸葛丞相所藏，
引得土豪富室争相重价求购，甚至不惜百牛之价，与售
赝古董者没有什么区别。

明代以降，正史、野史、笔记小说、诗词歌赋中，有
关铜鼓的载籍更是不胜枚举。它们从不同角度记录了铜鼓
的发现、流传及其有关的风俗民情，展现了铜鼓多彩多
姿的艺术风貌，以及它们与人们生活和精神文化意识的
密切关系。

第八节 清代铜鼓入图录

清朝乾隆十四年（1749），梁诗正、蒋溥等人领衔奉敕编纂内府储藏铜器大型图录《西清古鉴》，收录铜鼓 14 面；乾隆五十八年（1793），由王杰、董诰等领衔奉敕编纂《西清续鉴》甲、乙编，又收录铜鼓 9 面。这 23 面铜鼓中不乏广西铜鼓，应是保存下来最早的广西铜鼓图像。《西清古鉴》在第一鼓之后说道："今岭南一道，廉州（今合浦）有铜鼓塘，钦州有铜鼓村，博白有铜鼓潭，则因以为地名矣。"并首次将伏波鼓和诸葛鼓两类铜鼓的分布范围划分了出来："大抵两川所出为诸葛遗制，而流传于百粤群峒者，则皆伏波为之。"

嘉庆年间，广西巡抚谢启昆编纂《广西通志》时作《铜

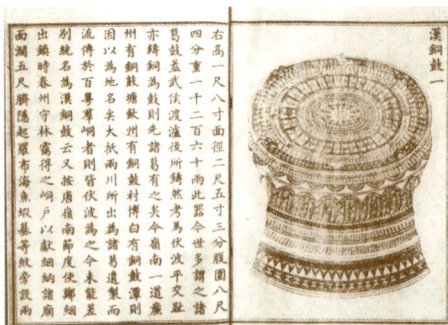

图 3-8 《西清古鉴》书影

鼓考》，辑录大量铜鼓文献，并加上自己的考证表明观点，驳正了前人的一些错误。他认为，铜鼓无款识年号可考，但其制作之精，必定是汉晋时期的遗物。他指出有一类没有蟾蜍（青蛙）塑像而纹饰稍粗的铜鼓，也应是唐宋时期所铸造，于粤西边徼州郡广泛存在。谢启昆在辑录了宋人范成大《桂海虞衡志》铜鼓条全文之后作按语说："铜鼓为僚蛮所铸，马伏波前已有之，……自石湖有'伏波所遗'一语，后人遂误为伏波所制，且因伏波附会于诸葛，至谓大者为伏波鼓，小者为诸葛鼓，真误中之误矣。"说得很有道理。

嘉庆、道光年间，有关铜鼓的诗词轰然而起，洋洋洒洒，到处唱和。其中尤以广西巡抚梁章钜发起的铜鼓联吟最为后人称道，这次唱和，有40多位官员和文人墨客参与，后来编辑成《铜鼓联吟集》诗集刊印发行。这些诗词多为借物咏志之作，但其中也不乏深切之论，值得耐心玩味。

在此期间各地编纂的地方志书中也多有关于铜鼓的记载，为后来学者研究铜鼓的分布、收藏和流传，留下了许多宝贵资料。

从各地地方志记载来看，明清时期广西各地出土铜鼓众多，见表1汇总。

表1　地方志考证铜鼓出土情况

出土年代	出土地点	地方志文献
康熙四十年（1701）	岑溪六络山	《岑溪县志》
雍正元年（1723）	岑溪封贵洞	《岑溪县志》
雍正八年（1730）	北流	《北流县志·古迹》
雍正十年（1732）	玉林县六西村	《郁林州志·金石》
乾隆年间（1736～1795年）	灵山县	《灵山县志·金石》
乾隆年间（1736～1795年）	玉林城北谷山村	《郁林州志·金石》
嘉庆二年（1797）	北流石一里庞坡上	《北流县志·古迹》
嘉庆二年（1797）	藤县二十五都祝村	同治《藤县志·杂记》
嘉庆三年（1798）	钦州铜鼓岭	《廉州府志·金石》
嘉庆六年（1801）	钦州石滩村	《廉州府志·金石》
嘉庆十年（1805）	藤县随化里黄坡村	同治《藤县志·杂记》
道光元年（1821）	宾阳	《宾阳县志》
道光元年（1821）	博白三瑾堡、蟠龙山	《博白县志》
道光六年（1826）	北流县卞一里	《北流县志·古迹》
道光十八年（1838）	北流县扶来里大伦村	《北流县志·古迹》
道光二十一年（1841）	玉林城西荔枝根旺岭山旁	《郁林州志·金石》
道光二十五年（1845）	扶绥云横山	《同正县志》
道光二十六年（1846）	玉林腾龙堡	光绪《郁林州志·艺文》
道光三十年（1850）	北流新圩	光绪《郁林州志·艺文》
同治七年（1868年）	玉林镇武山	光绪《郁林州志·艺文》
光绪元年（1875）	灵山牯牛峰	光绪《郁林州志·艺文》
光绪二年（1876）	象州县	《象县志·铜鼓》
光绪四至五年（1878～1879）	合浦县白龙烟墩岭下海滩	《合浦县志·金石》
光绪二十年（1894）	灵山大化村	民国《灵山县志·金石》
宣统三年（1911）	灵山石塘练竹村	民国《灵山县志·金石》
—	钦州	民国《钦县县志》
—	贵港	《贵县志·金石》

第四章 「罗获多从渔与耕」

现存世上的铜鼓数以千计，除了那些在山区百姓中还在使用以外，其他都来自地下埋藏。要发现地下埋藏的铜鼓是很不容易但又十分有趣的事。

由于民族的融合和迁徙，原来铸造和使用铜鼓的地区后来不再用铜鼓了，铜鼓作为一种传统的器物，可能逐渐在这个地区的现实生活中消失，并被后来的人们所遗忘。原先那些铜鼓连同铜鼓铸造工艺被迁徙的人群带往他处，被或有意或无意地埋入地下。这埋入地下的铜鼓经过若干代之后，由于人为或自然的原因重新暴露被人们发现。而后世生活在这里的人们对这些铜鼓已经陌生，甚至把它们视为"怪异"。

铜鼓出土的情况多见于地方志的记录，有关开荒种地、打井修渠，无意中挖到铜鼓的事例不胜枚举。清人谢启昆在《铜鼓歌》中说："唐宋以来代有作，罗获多从渔与耕"，正是铜鼓出土现象最好的概括。但是，这只是出土铜鼓中很少的一部分，考虑到当时信息闭塞，缺乏专门机构调查统计，漏掉的比记录下来的不知还多多少倍。从这些记录可以看到，铜鼓的出土，真如雨后春笋，层出不穷。

第一节　撒网捕鱼获铜鼓

　　桂平在明朝是浔州府所在地。万历四十五年（1617）端阳日，有人在麻垌白石山动土，无意中挖出一面铜鼓，把它送到州城献给州府。恰在这一天，在浔江伏波滩撒网捕鱼的渔人，网到一面铜鼓，也把它献到州府来。浔州知府看到这两面铜鼓，高兴得不得了。他认为，浔州所辖两地同时出铜鼓，又同时献到官府来，是一个破天荒的祥瑞，于是借此机会大肆宣扬个人恩德，把从白石山挖出的铜鼓放在观风楼，把从伏波滩捞起的铜鼓放在文庙，让大家观览礼拜。当时的老百姓都把铜鼓看做宝物，这两处铜鼓的发现者，不敢据为私有，同时献给了

图 4-1　桂平出土的铜鼓

官府，成为当时街谈巷议的美事。九年之后，即天启元寅年（1626 年）浔州府来了一位学正（府学教官）叫乐明盛，他访知此事，感慨万分，写了一篇《双获铜鼓记》，广泛流传。

乐明盛在《双获铜鼓记》中写道：天启五年（1625）仲冬，他接到到浔州任学正的调令，从江西坐船到广西，从梧州溯西江而上，有一天到了一处，他问这是什么地方？一个年长者回答他说："前面就是铜鼓滩了。"乐明盛说："我小时读汉朝逸史，知道马伏波征交趾时，船队经过八桂，有两面铜鼓跳入江中，就是在这个地方吗？"撑船的人说："就是。近几年来已经捞获了，现在不知存放在什么地方。"乐明盛到了浔州，先去晋谒文庙，陪同他去的周礼指着一样东西对他说："这就是铜鼓。汉代跳进江中，至今约两千年，不裂不缺，没有神灵呵护，何得如此？"乐明盛仔细观察铜鼓，他看到铜鼓身上遍施花纹，认为刺绣都达不到如此工艺，赞叹良久。过了几天，乐明盛登观风楼，浏览浔州风景名胜。陪同他的袁明谦指着一物对他说："这是神物，我在茂名做官时听说这里获得，自从汉代伏波将军时沉没，现在才出现。"乐明盛说："文庙也有一个，看起来形制花纹相同，难道是与它成对的吗？"袁明谦回答说："正是。但是您只知其同不知其异。"于是袁明谦将这两面铜鼓被献给官府的故事详细讲述开来。

又过了百余年，即到清朝雍正八年（1730）秋天，有渔人在伏波滩捕鱼，又网得一面铜鼓，捞上岸来，再次献给浔州知府。知府把它送给广西巡抚金鉷。金鉷把这面铜鼓带回桂林的巡抚衙门，与旗蠹陈列在一起。金鉷写了一篇《铜鼓记》记述这件盛事，铜鼓滩也因此扬名。

屈大均的《广东新语》记载，广州南海神庙的小铜鼓也出自浔州铜鼓滩。他说，在铜鼓滩，先是滩水湍急，春石底作铜鼓声，入夜辄有光怪，有一天水位下降，现出一面铜鼓，太守派人把它取回，悬挂在四穿楼。这面铜鼓原来的声音很好，转送给了南海神庙。每年的二月十三是祝融生日，粤人敲这面铜鼓以为乐，其声音若行雷隐隐，传闻扶胥江两岸二十余里。后来被洋人凿走四角青蛙塑像，的声音就变沙哑了。

第二节　磅硠蹶砺牛却惊

南宁古称邕州，是西南会府，经常有铜鼓出土。据明代嘉靖四十三年（1564）编修的《南宁府志》记载，在南宁城北约 25 里的北湖和苏卢间，有一条著名的水利工程，是宋仁宗皇祐年间（1049~1054）邕州司户参军孔宗旦主持修建的堤坝，名为铜鼓陂。水坝既名为铜鼓陂，说明以前曾经在这里出土过铜鼓。在《南宁府志》卷一的邕州城区地图上，画着一座罗秀山，在罗秀山前有一个村落叫"铜鼓村"，说明这个地方以前也出土过铜鼓。

清朝乾隆（1736~1795）时，宣化（今南宁）农民耕山，又挖出过铜鼓，当时是大兴（今属北京）人李维寅做知县，亲见亲闻，写了一首《铜鼓歌》记述其事。歌曰：

著雍君滩月过午，我官宣化获铜鼓。

村人百指舁升堂，宝气腾腾笼一府。

为言耕耨万山中，夜半风霆啸荒圃。

一锄忽落一蛙跳，蛙瞥飞空锄缺腐。

坤维震荡云根颓，万线霞光出深土。

神物乍见惊牛羊，公裳同献陈樽俎。

传观愧比涯还珠，欲扣先愁指画肚。

虚中颈下微束腰，径二尺强高尺许。

规平镜面突麝脐，十二蟾蜍余六五。

水沙剥蚀体渐轻，乾坤陶铸年几所。

血斑历落接蜥蜴，翠藓㛹姌碎鹦鹉。

上文云云下雷回，雕刻龙蛇杂亚斧。

羌无篆籀识岁月，谁凭色相辨今古。

　　从诗中可以知道，这铜鼓是农民耕山时挖到的，一锄头挖下去，跳出一只青蛙。这青蛙原是铜鼓面上的装饰。青蛙被锄了下来，锄头碰缺了一个口子。铜鼓被挖出来后，村民合力抬着送到县府。从李维寅描述铜鼓的形制和纹饰来看，这是一面灵山型铜鼓。又云：

我闻苗民守重器，狨鸟獐花都老主。

婚丧盟会置酒羊，庭前敲折金钗股。

流传礼器伪兵器，纪代标名无乃鲁。

大曰伏波小诸葛，凿空何异周庭瞀。

伏波马式传骆越，不闻铸鼓配铜柱。

诸葛行军未到粤，败鼓宁遗鱼腹浦。

纷纷记载辞无根，灵鼍一吼喑不语。

　　　　　　　　　　（《晚晴簃清诗汇》卷九十六）

　　李维寅借此机会对关于铜鼓为伏波、诸葛所制的旧说一一加以驳斥，见解相当深刻。

道光年间(1821~1850)，在宣化（今南宁）城北山下又挖出一面铜鼓。当时有一农民赶着耕牛犁田，忽然听到"哐啷"一声巨响，犁头碰上了坚硬的东西，耕牛被吓得挣断缰绳撒蹄乱跑。这个农民操起锄头刨挖。拨开虚土，立即露出绿锈斑驳的铜片来，再往下挖，则挖出一面沉睡千年的大铜鼓。有人将这面铜鼓买下，找人抬回家收藏。此事轰动了一方，男女老少都跑来围观。有一位叫刘元清的诗人也写了一首《铜鼓歌》，记录此事：

君不见，

邕城城北山下土，农民扶犁耕春雨。

磅磽蹢砺牛却惊，浅剟深锹露铜鼓。

几人矗矗置空庭，谁谓深藏不肯语。

一朝物色博购归，拂拭沙泥纹尚微。

儿童戏击吼如鼍，摩挲余得日依依。

陶冶形模出鬼斧，周回法式随天机。

南北东西位蟾蛤，左右四耳分轮廓。

面平腰袅胅其脚，天然翡翠成斑驳。

吁嗟乎，

宇内车书同一轨，神州赤县端歌吹。

越裳航海静无波，匈奴不敢南下窥。

铜鼓铜鼓胡为乎出哉？

20 世纪 50 年代以来，因耕田种地，先后在南宁五塘镇六塘村六增屯六鸣山、五塘镇五塘村橄村屯青山、昆仑镇八塘村郑崇屯、昆仑镇坛敏村特虎山、大塘乡大塘村角麓水田、良庆区新坡村狮子头坡、吴圩镇那佳村子鹤山、吴圩镇那德村那审坡那口岭都挖出过铜鼓。

1962 年 3 月，在铜鼓陂附近的心圩公社振兴大队（今心圩乡振兴行政村）一位社员在北岭开荒扩种时，又挖到一面铜鼓。这面铜鼓鼓面直径 69.8 厘米，鼓身锈色斑斓，布满精细花纹，有鸟纹、变形羽人纹、兽面纹、"四出"钱纹、连钱纹、席纹、虫纹、蝉纹等；鼓面有 6 处青蛙塑像，其中 3 处是单蛙，3 处是累蹲蛙，鼓脚边有一对小鸟塑像。是一面比较典型的灵山型铜鼓。

1989 年 2 月 19 日，邕宁县吴圩镇康宁村敢绿屯雷毓津在康宁水库西南的岜卡岭山坡犁甘蔗地时犁出一面大铜鼓，面径 91.5 厘米，鼓面装饰席纹、"四出"钱纹、蝉纹、鸟纹、骑士纹，鼓耳下方，腰间有骑士塑像，也是典型的灵山型铜鼓。

在江西镇同宁村一条乡间小道上，在好几年前就曾露出过一道绿色"边圈"，大家每天走来走去，都没太在意。

图 4-2　2003 年在南宁江西镇
同宁村出土的铜鼓

2003 年端午节中午 12 时许，原村主任刘定乡又经过这里，突然产生好奇，敲下一小块，拿到手上一看，才知是铜片。于是邀请同村人何耀彬和他一起挖掘，先将圈内的泥土清出，再在外围挖出一个直径 1.5 米的大坑，知是一面倒放着的大铜鼓。他们费了 3 个多小时才将铜鼓挖出。经丈量，这面铜鼓面径 95 厘米，高 56.5 厘米，鼓面边沿顺时针环列青蛙 4 只，鼓面和外壁布满雷纹、云纹和叶脉纹，是一面灵山型铜鼓。

第三节　曾偕舂杵葬山河

据民国 16 年（1927）修纂的《龙州县志》记载，有一个叫黄庭修的人在他的遗稿中说到：清朝同治初年（1862），当地闹寇警，他刚 6 岁，跟随父亲避难到上龙司，看见当地人拿着一块铜片出售。他父亲看了看这块铜片，就说："这是马伏波铜鼓，敲毁了很可惜。"他父亲向这个人打听这块铜片的来历，这人说："这块铜片是犁田时犁出来的，原来以为是金，把它敲烂了拿出来卖。"过了不多久，有人在这个地方附近的山沟挖到一面铜鼓。这面铜鼓比较完整，当时召集了很多人才把它从土中挖出来。铜鼓在土里是仰放着的，底下垫有坚木舂杵。挖出以后，发现铜鼓很完整，只是足部有两个巴掌大小的地方被崩掉了。这面铜鼓古色斑驳，当地人知道铜鼓是神物，不敢再敲毁，就把它送进玄协神祠供奉。据黄庭修观察，这面铜鼓鼓面圆平，中厚边薄，靠近鼓边的地方有 6 只三足蟾蜍（青蛙）塑像，环绕左旋，每只蟾蜍大约高宽寸许，长约 2 寸，腹中空，可以穿绳而舁之。其中有 3 只蟾蜍大小相负（累蹲）。鼓面中心突起，旁边镌有古钱式及花草纹。鼓足作圆桶形，高 2 尺许，小于鼓面 2 寸许，上宽而下收，腰束而下侈，有与鼓面相同的花纹。从描述的情况看，是一面灵山型铜鼓。

光绪十六年（1890）广西提督苏元春经过龙州去上龙司，看到了这面铜鼓，把它带回龙州连城。清末民初，龙州诗人黄敬椿也看到过这面铜鼓，在《龙州风土诗》中最末的一首提到：

> 骆交铜鼓费摩挲，犹记银钗扣处和。
> 铸自伏波搜不尽，曾偕舂杵葬山河。

民国8年（1919），广西督军谭浩明的祖祠落成，又将这面铜鼓移入谭氏祖祠。民国10年（1921）因兵乱，龙州城陷，此鼓不知流落何处。修《龙州县志》的人想到，如果能够找到此铜鼓，应该把它放到中山公园，让考古学家去研究。

以后龙州还不断有铜鼓出土。

1994年2月15日，龙州县逐卜乡锦阁村板阁屯陆英

图4-3　1994年龙州逐卜乡板阁村
挖出的铜鼓

汉在距本屯 1 公里多的空排竜的坡地上放牛时，发现一面倒置着埋于地下的铜鼓。

1996 年 11 月 2 日，龙州县武德乡中学谭泓玉、蒙生居、赵克春、苏吉英和范刚毅等 5 位学生，在距武德街西南面约 2 公里处的空定（地名）游玩时，发现一面倒置着埋于地下的铜鼓。

第四节　海滩淘沙现铜鼓

山上有铜鼓，海边也有铜鼓。唐代诗人项斯在《蛮家诗》中说："看儿调小象，打鼓试新船。"海边采撷珍珠的珠民在新船下海的时候，需要敲击铜鼓庆贺。

据《合浦县志》记载：光绪四五年间（1878~1879）渔人于白龙城南门外二里许烟墩岭海沙内挖出铜鼓 5 面。白龙城位于合浦县（今属北海市铁山港区）营盘镇白龙村，滨临北部湾海边，是古代监守珠池的地方。明朝洪武初年创建白龙城。传说古时有一条白龙飞到这里降落，人们称此地为福地，在此建城，称之为白龙城。城内有采珠太监公馆、珠场巡检署、盐场大使衙门。城南是珠民剖蚌取珠的场地，建有宁海寺和天妃庙。采珠场遗留的珠贝堆积如山，有的地段至今仍厚达 2~3 米，层层珠贝在阳光下熠熠生辉，因此人们又习惯于把这座古城称之为"珍珠城"。流传了将近两千年的"合浦珠还"的故事就发生在这里。珍珠城是享誉中外的合浦珍珠生产的大本营。清代以后，采珠业衰落，珠城逐渐废弃。这 5 面埋在海沙中的铜鼓也许是当年珠民下海采珠时向海神祈祷留下来的。

在钦州犀牛脚镇鹿耳环村南海边沙滩上 1988 年曾出土一面云雷纹铜鼓。1993 年 1 月 31 日上午 10 时，北海市郊区农民林绍伟在西塘乡禾沟村公所崇表岭村东面约 1 公里近海的沙滩取沙，在深约 60 厘米处无意中又挖到一面铜鼓。鼓面向下，鼓足朝天，内面填满海沙。鼓面直径 83 厘米，边沿顺时针方向环列 4 只小蛙塑像；各晕花纹图案是羽状纹、云纹和"四出"钱纹，鼓身通高 48.5 厘米，晕圈窄而密，遍饰雷纹填线纹，胸腰间有缠丝纹环耳两对，是一面北流型铜鼓。

1994 年，北海市营盘镇白龙村坪底屯红九匡海边沙滩，两个十几岁的男孩在挖"地龙"玩，掏沙坑时在沙滩下约 40 厘米深处又发现一面铜鼓。也是鼓面向下，鼓足朝天。鼓面直径 75 厘米，鼓面边沿下折成垂檐，胸腰之际以一浅槽分界，附以缠丝纹环耳两对，每耳都有两道脊线，耳根有歧爪纹，鼓面边沿顺时针方向环立小蛙塑像 4 只，太阳纹 8 芒，3 弦分晕，晕距疏密不等，遍施雷纹，边沿一晕为雷纹填线纹，鼓身也是 3 弦分晕，晕圈窄而密，遍施雷纹填线纹。也是典型的北流型铜鼓。

第五节 锄地挖坑屡有获

犁田、锄地、挖坑、开渠……无意中挖到铜鼓的事件

图 4-4 1967 年合浦营盘镇坪底村红九匡海滩挖出的铜鼓

更是屡见不鲜。

仅 20 世纪 70 年代的不完全统计数据显示：1972年 11 月，北流大坡外小学组织学生在大坡内白马山东坡劳动，挖到一面直径 70 厘米、残重 37 千克的铜鼓；1973 年 1 月，宾阳县新桥公社新桥大队中团屯黄乘史挖到铜鼓一面；4 月 23 日，横县云表公社六河大队挖出铜鼓一面；12 月，博白县江宁大队社员蔡福章在六万大山余脉塘派山捡柴火时发现铜鼓一面，面径78.5 厘米，高 41 厘米，重 37.5 千克；1974 年 4 月 5日，象州县寺村力畲队社员帮寺村小学建校在荷塘岭挖墙基时挖出一面铜鼓；两天之后，即 4 月 7 日在离荷塘岭 8 千米的崇山大队有社员犁花生地又犁出一面铜鼓；4 月 26 日，桂平蒙圩邹汉均等人上山挖松头柴时挖到一面铜鼓；5 月 29 日，宾阳县芦圩公社顾明大队覃村三队队长覃耀成在水甑山半山腰种黄麻时挖出一面直径80 厘米的大铜鼓；6 月 8 日，藤县濛江公社新城大队横村何炳德在冷水冲公路边挖到铜鼓一面，这就是后来冷水冲型的标准鼓；同月，在象棋公社甘村东南又挖出铜鼓一面；6 月 18 日，邕宁县南州林场工人到钦州贵台屯良大队所属崇尖山挖树坑时挖到一面面径 80 厘米的大铜鼓；11 月 18 日，上林县塘红中学师生到铜鼓坡开荒造地，挖到一面铜鼓，高 76 厘米、面径 92 厘米、底径 94 厘米，鼓面也有 4 只青蛙塑像，是石寨山型向冷水冲型过渡类型。1975 年 3 月 9 日下午，宾阳县黎塘司马村荒茅头山挖出一面直径 66 厘米、高 46 厘米、残重 28 千克的铜鼓；同月，上林县大丰公社万古大队大塘屯周开基在安灶山坡林道挖出一面直径 82 厘米、高 54 厘米、重 43.7 千克的大铜鼓；4 月 1 日，藤县壤南公社杨村李海林等在村头冲西石磅半山挖储水坑时挖出一面直径 87 厘米、高 47 厘米、重 42.5 千克的大铜鼓；同月，平南县城厢公社大成大队旺石一队在竹根坪

图 4-5 1974 年象州县寺村出土的铜鼓

挖到一面直径 75 厘米、高 55 厘米、重 43.5 千克的大铜鼓；5 月 22 日，武鸣县两江公社三联大队在开木薯地排水沟时挖出一面直径 68 厘米、高 45.5 厘米的大铜鼓；8 月 8 日，贵县蒙公公社新岭大队韦家利、韦家特、韦国峰、周成义四青年上山坡犁地犁出一面铜鼓；11 月 3 日，岑溪县水汶公社寨顶队社员在东叶坑开山地时挖出一面铜鼓。1976 年 2 月 12 日，宾阳县芦圩公社蒙村大队新里屯社员曾祥新等在新桥黑石顶山半山腰挖到一面高 54 厘米、重 54.5 千克的大铜鼓；2 月 29 日，容县灵山公社华壤大队双头岭出土一面直径 77 厘米、高 40 厘米、重 46.5 千克的大铜鼓；4 月，平南县六陈公社邦基大队木花屯社员在上冲腰岭嘴山坡上开山地种茶时挖出一面直径 60 厘米、高 30 厘米的云纹铜鼓；9 月 28 日，北流六靖公社镇南大队甘竹塘等六人在泽塘岭开荒造地时挖到一面铜鼓；于博白县新田镇新塘圩下坎坪门口岭挖到一面铜鼓，面径 88.8 厘米、高 49.6 厘米，太阳纹 8 芒，面沿逆时针环列 6 蛙，胸腰间环耳 2 对，耳饰缠丝纹、耳根三趾纹，芒间填云纹，太阳纹外遍饰雷纹，鼓身饰云纹、雷纹逐层相间，是北流型铜鼓。1977 年 5 月 8 日，北流六靖公社镇南大队长塘生产队在担水岭四捞化西坡中部挖到一面直径 90 厘米、高 54 厘米、重 60.5 千克的大铜鼓；同月，桂平麻垌公社南乔大队第三生产队黄永瑞上山挖树根时挖出一面铜鼓。1978 年 8 月 6 日，贵县庆丰公社万新大队第 11 队李旭运在自留地除草培土时挖到一面铜鼓。……

1985 年 2 月，扶绥县昌平乡四和村恒丰屯农民在石柱岭挖地时挖到一面铜鼓，是一面已残破的冷水冲型铜鼓，面径 73 厘米，面沿逆时针环列四蛙，饰栉纹夹同心圆纹带、复线交叉纹、变形羽人纹、变形翔鹭纹、眼纹、圆心垂叶纹等。

1987 年春，宜州矮山乡良山冲村民潘荣章到鸡爪山麓挖玉米坎，锄头下去不到五六厘米就碰到硬物，经过细心掏挖才知是一面大铜鼓，鼓面直径 66 厘米，完整无缺。

1993 年 2 月 23 日，玉林市沙田乡六龙村农民伍国彬

图 4-6 1985 年扶绥昌平乡四和村恒丰屯石柱岭挖出的铜鼓

在莲塘坪之火烧岭上挖树坎时发现一面大铜鼓。鼓面最大径 133.7 厘米，通高 73.4 厘米，重约 175 千克，是世界第 6 大铜鼓，为灵山型鼓中最大者。此鼓鼓面边沿顺时针环列 6 蛙，其中 2 蛙背负田螺，4 蛙背负小蛙。胸腰间有两对宽扁耳，足部另有一对小圆耳。扁耳下方，鼓足部有一只虎塑像。

1995 年 2 月，浦北县民乐镇西角村士子屯村民陆宝生在本村水井麓大圆排半山坡南麓整理荔枝坎时挖出铜鼓一面。

1995 年 12 月，贵港市凤凰林场职工郑某在覃塘管理区石卡镇辖区内种地时挖出一面鼓面直径 118.5 厘米的大铜鼓。

1997 年 4 月，鹿寨县四排乡桂兰屯农民梁福恩的儿子在麻盖岭背中部放牛时，发现水冲槽内有一小片铜片，拔起后才知是一面大铜鼓的鼓面。同年 4 月 21 日，浦北县国营东方农场职工石永丰在张黄镇十字村单竹坑白坟岭割鱼草时，发现一处土坡崩塌处露出一点铜片，稍经掏挖，又出一面铜鼓。

1999 年 3 月，宾阳县甘棠镇新宁村村民在整理洗衣台时挖到一面铜鼓，鼓足一侧有小鸟塑像。

2000 年 8 月初，浦北县小江中学学生李家成、李家东两兄弟暑假期间回到江城镇平马村委李屋村，在文头麓茅车塘子京麓加宽荔枝坎时挖到铜鼓一面。

第六节　考古发掘得新知

1954 年夏，黎（塘）湛（江）铁路工程开工，工程穿过富庶的郁江平原，在贵港附近碰到了一个庞大的汉代墓群。考古学者在两年时间内就清理出了 200 多座汉墓，出土了数以万计的汉代陶器、铜器和佩饰品，为研究广西乃至整个岭南地区汉代物质文化提供了丰富的资料。

1955 年 2~3 月，广西省文物管理委员会的考古工作者在贵县中学高中部发现一座汉代木椁墓，在墓坑内与铜壶、铜釜、铜盒、铜博山炉和陶坛、陶长颈瓶在一起的有一面铜鼓。铜鼓鼓面完整，鼓身已残。这是广西考古工作者第一次从古墓中发掘到铜鼓，意义非同寻常。当年 7 月的《文物参考资料》就发表了谭毅然的报道《广西贵县古墓中发现铜鼓》，公布了这面铜鼓鼓面纹饰的拓本。接着黄增庆在《考古通讯》1956 年第 4 期发表《广西贵县汉木椁墓清理简报》，详细报道这座墓的情况，让人了解与这面铜鼓相关的背景资料，也公布了这面铜鼓的鼓

图 4-7 1955 年考古工作者在贵港高中 8 号汉墓发掘出土的铜鼓

面拓本。《考古学报》1957 年第 1 期发表广西省文物管理委员会的《广西贵县汉墓的清理》，又公布了这面铜鼓的鼓面拓本，并把它的年代定在东汉时期。这面铜鼓经过修复，可以看到它的原貌：鼓面比较宽大，边沿突出鼓颈之外，但比外凸的胸部还是略小；胸下部内折，束腰略向外斜，足则外扩，显得异常宽大。胸腰间 4 个半环耳。鼓面直径 42.2 厘米，鼓身高 27.5 厘米。鼓面用二弦分晕，共 9 晕，中央太阳纹 8 芒，芒间夹折扇形叶脉纹，第 2、4、6、8 晕是栉纹，第 3、7 晕是圆圈圆点纹，第 5 晕是主晕，饰 4 只等距离、逆时针旋转飞翔的鹭鸟，边沿一晕素白。让人感到，这面铜鼓和云南晋宁石寨山汉墓出的铜鼓相似，也像越南的东山铜鼓。

1976 年 6 月下旬，贵城镇东北郊的贵县化肥厂在大坡岭前扩建机修厂，民工挖取土方时，无意中发现一些鎏金的铜车马器。为此引发了贵县罗泊湾一号墓的发掘。罗泊湾一号墓是一座西汉前期的大型土坑木椁墓，椁室用木板分隔成前、中、后三室，前室和中室又分隔成三部分，后室隔成六个部分。主室内有三具漆棺。在椁室底板下，有七个殉葬坑和两个器物坑。两个器物坑东西并列，之间相距1米，上面纵向平铺着一层木板，掀开木板，就可以看见叠放在里面的随葬品。在西坑内，一个大铜鼓倒放着，鼓腔内叠放着三件铜盆一件铜盘，铜盘内又放着三件带木柄的铜勺，铜盆上面横放着杯形壶。坑的西北角竖放着竹节铜筒，坑的正中放着一面木制革鼓。在东坑内，两端各有一个大铜盆覆盖着一件铜钵、一件铜匜、一件葫芦瓢、两件叠放的铜匜和一件带盖的铜桶。坑的中部也有一件带盖的铜桶和一件大陶甑，坑的东部挤放着两件铜桶和一面小铜鼓，还有铜钫、铜壶、铜匜、铜鼎、扶桑树形灯、三足案，在三足案上放着一件漆绘铜盆，盆内放着直筒形钟和羊角钮钟。整座墓出土随葬品1000余件，包括陶、铜、铁、金、银、锡、玉石、玛瑙、琉璃、竹、木、漆、麻、丝等不同质料的生产工具、生活用具、车马器、乐器、兵器、木牍、木简、植物种实等等。两面铜鼓光亮如新，都是石寨山型铜鼓。

第五章 『铜鼓云屯』说收藏

1963 年春郭沫若来广西壮族自治区博物馆参观时，广西博物馆已经收藏铜鼓将近 200 面，但还没有开设专门的铜鼓陈列室，这些铜鼓都还堆放在狭窄的文物库房里。得知郭老要看铜鼓，馆长就领他到文物库房去。打开文物库房大门，一眼看去，无数的铜鼓层层叠叠堆垒着，令他震惊不已，他在当时填写《满江红》词的第一句就说："铜鼓云屯，欣赏了壮家文化"。用"云屯"一词来形容广西壮族自治区博物馆铜鼓之多，真是再恰当不过了。

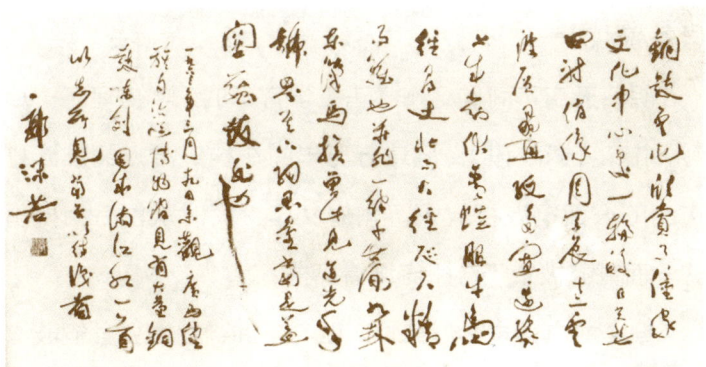

图 5-1 郭沫若《满江红》词

第一节　神祠佛寺皆有鼓

广西历代都有铜鼓出土，何止成百上千？这些铜鼓，后来去哪里了呢？据当时文献记载，这些铜鼓都被认为是稀有之物，"非人间所宜私宝"（清·金鉽《铜鼓记》），大部分被没入当时的省、府、州、县的署衙、学宫，也有的流入神祠、佛寺，或士大夫私藏。

远的已不可追忆，明代以来的记载。

明朝嘉靖年间纂修的《南宁府志·地理志》记载，当时南宁的城隍庙后寝有小铜鼓。明朝末年，旅行家徐霞客到南宁考察，还在府城城隍庙内看到铜鼓，并说广西所属各道也有一二。

明朝天启年间作浔州学正（学官）的乐明盛写了一篇《浔州双获铜鼓记》，记载万历年间在桂平浔州铜鼓滩打捞出的一面铜鼓被放入浔州府文庙，同时从白石山挖出的一面铜鼓被置于浔州府城清风楼。

据《博白县志》记载，明弘治年间，在博白县铜鼓潭捞获的一面大铜鼓被解送到梧州，存于梧州制府。张穆

《异闻录》证实梧州镇府左廊悬挂着一面铜鼓。明朝学人魏浚在《西事珥》提到，在桂林府衙署中有铜鼓。所以邝露在《赤雅》一书中总结说：铜鼓"东粤则悬于南海神庙，西粤则悬于制府厅事。"清朝乾隆时期纂修的《梧州府志》记载，梧州府"旧有铜鼓十数面"。清朝嘉庆年间兴业县石南关帝庙供奉着铜鼓。清朝光绪年间，两广盐运同知金武祥在《栗香随笔》一书中记载，他在 1911 年春，途经浦北、博白时，在浦北县的六硍圩（今六硍镇）和博白县的六凤圩，都看到庙中有铜鼓。

村民得到铜鼓，将铜鼓献给寺庙的事，在地方志中有许多记载。

清光绪十七年（1891）修的《郁林州志》卷二十《艺文》载：玉林城西北馒头圩金顺庙有一面铜鼓，是清朝道光二十六年（1846）藤龙堡村民耕地所获，当地被选送入国子监读书的生员杨英出面向大众募集资金把它买下，送到庙里供奉。同书又说：玉林城西南高沙堡流表村尚书庙的一面铜鼓，是道光年间有游人进山游玩，看到一只大鼠逃入地洞，此人随即用砍柴的斧头挖掘，不到数尺就挖到了这面铜鼓，把它抬回家，也是村民凑钱把它买下来，送到庙中供奉。此书又说：玉林城东印岭村寒山庙的那面铜鼓，是道光三十年（1850）北流新圩人锄田偶然得到的，梧州府同知曾重光把它买下，悬挂在庙中。

光绪四年（1878），徐作梅纂《北流县志》记载：明朝景泰三年（1452），一位撑船的人从铜鼓潭中捞获一面铜鼓，不敢私藏，送至北流县醮楼；嘉庆二年（1797）六月，北流石一里庞陂上一里多的地方溪边水潦，冲出一面铜鼓，乡人发现，合力移入泗洲庵，用来作更鼓使用；卞三里水埇村黄式中在行潦中拾得一面大铜鼓，送给宝兔庵祭祀；道光六年（1826）四月初二日卞一里乡民掘地种竹挖到一面铜鼓，约重三百斤，送给了龙山寺庙；道光十八年（1838）四月初十日大雨，扶来里大伦村山崩，崩出一面大铜鼓，约重四百斤，村民把它送到城隍古庙；波一里龙虎峃掘出一面铜鼓，送到将军庙，咸丰七年（1857）北流城被农民起义军攻陷，铜鼓下落不明。这本县志还记载，光绪初年，在平陵里新圩玉虚宫有铜鼓，禄厚村三教堂，沙坮村护龙寺，河村泗洲庙、水埇庵内都有铜鼓。

光绪九年（1883）修的《平南县志》记载：同治四年（1865），平南县大乌里村民农振世耕山烈草，在草丛中挖到一面铜鼓，蓝垌一位姓杨的人以制钱六千买下，送入里中甲庙。

光绪二十年(1894)梁吉祥修《贵县志》记载：贵县农民在山谷中挖土，经常获得铜鼓，多数用于供祀神佛，在庙宇中常有保存，当时的山北里尚龙寺、怀西里思怀圩永兴寺，都有铜鼓收藏。

光绪三十年（1904）修的《容县志》记载：嘉庆十三（1813），容县一里农民掘得一面铜鼓，知县会礼用十金把它买下，原想把它放置在西门城楼以配开元寺铜钟，有人说这样做不吉利，就把它改送水月宫了。

在清朝，除了上述寺庙供奉铜鼓外，平南县的乌江伏波庙、西村永隆寺、六乌圩庙、韦村庙、木鱼岭文昌阁、大中圩观音庙、蓝垌三甲庙等，也都有铜鼓（光绪《平南县志·金石略》）；博白县新文阁、攀龙庙藏有铜鼓（道光《博白县志·金石》）；桂平甘王庙（民国《桂平县志》），崇左城隍庙（雍正《太平府志·崇善古迹》），龙州玄协寺（民国《龙津县志·金石》）等，也有铜鼓；乾隆五年（1740）七月，灵山县苏村农民王邦俊挖获一面铜鼓，"解贮司库"；道光《廉州府志》记载乾隆六年（1741）夏六月，合浦县藤黎村农民谭海鳌刨获一面铜鼓，"藏学宫"。崇霖《铜鼓歌》谈到，道光年间永淳（今属横县）甘棠圩莽将军庙也有铜鼓。

辛亥革命以后，散见于各地寺庙的铜鼓更多，民国《兴业县志》记载：兴业县石南关帝庙原有一面铜鼓，民国 15 年（1926）移至石南宾兴馆。这面铜鼓鼓面镌有字：己未科举人任江西卢州卫千总庞安国置买汉代铜鼓一面敬送石南关帝庙前永久供奉，嘉庆辛酉年蒲月吉旦献。嘉庆辛酉年为 1801 年。从此可以知道，这面铜鼓原是清朝嘉庆己未年（1799）科举人庞安国在辛酉年（1801）买来供奉在关帝庙的。

民国 23 年(1934)修的《贵县志》记载：民国 18 年(1929年)在贵县县城南岸也出土一面铜鼓，存放在县城同福堂。

民国 23 年（1934）修的《岑溪县志》载：岑溪有 3 面铜鼓，其中一面是明代连城乡凤凰山崩出来的，放置在城内的关帝庙；一面是清康熙四十年（1701）有人于归义乡文络山挖地洞获得的，被放置在文庙；第三面是雍正元年（1723）西乡封贵洞土自松露出，被挖出来后，放置在南渡埠的邓公祠。

民国 23 年（1934）修的《上林县志》载：上林县北关五显庙、里民圩三圣宫、县东南三教寺，旧时都各有铜鼓一面；大山圩关帝庙旧有铜鼓两面；下无虞乡一里莲花寺、清平寺，二里白圩寺、演德庵旧都各有铜鼓一面；罗圩、古蓬也都各有铜鼓一面。

民国 24 年（1935）修的《北流县志》记载：卞一里北容高山庙的铜鼓，是民国初年村人掘土时得到的，送置庙里，这面铜鼓面径二尺余，高与面径相当，中空无底，有四耳，腰束而脐隆起，通体作络索连钱及水漾纹，鼓面蟾蜍四个，民国 23 年（1934）因捣佛像，东坪卢姓将它运回家中私藏。那排庵的铜鼓，是民国 22 年（1933）罗卜区仁德乡寨肚坡村民梁某，扩辟旧宅地堂角时掘出，那排村民众出铜仙六千枚买下送置庵内的。将军庙的铜鼓，是由波一里龙虎寨掘出送庙的。卞一里岭垌龙山寺那面清朝道光六年（1826）出土的铜鼓，仍在寺庙中。在扶来大嵛冲天观、西新区新圩初小学校、卞二里社垌水口禄隆寺也存放有铜鼓。

民国 31 年（1942）刘润纲修的《合浦县志》记载：清朝嘉庆二年（1797），农民在古立挖获一面铜鼓，民众花钱买下送入文昌阁。道光年前在泗洲山麓掘得的一面铜鼓藏福旺圩护民庙。光绪四五年间，渔人在白龙城南门外二里许的烟墩岭脚海沙内挖出 5 面铜鼓，其中最大的一面送入白龙三清庙，一面卖入城南李氏安园，一面卖入玑屯王宅，较小的一面卖给城南李氏平园，一面卖给乾体，入藏天后宫。

民国 37 年（1948）修的《象县志》记载：象州有一面光绪二年（1876）出土的铜鼓，被城内人购置于五显庙。

此外，还有民国《北流县志》记载北流北一里北容高山庙，罗片那排庵，卞二里社垌水口禄隆寺，扶来大嵛冲天观，也藏有铜鼓。民国《陆川县志·坛庙》记载陆川上甲上垌庙有铜鼓，民国《贵县志·金石》记载贵县北里上龙寺、怀西里永兴寺有铜鼓，民国《岑溪县志·杂记篇》记载岑溪关帝庙、归义文庙、南渡邓公庙有铜鼓，民国《钦县县志·金石》记载钦州文庙、马侯庙、李家祠有铜鼓，民国《灵山县志·金石类》记载灵山高山大庙、烟墩圩文武庙、茅金圩文武庙、新圩文武庙、平山练阳山盘古庙、宋泰练仇介祠、平力村福成寺、六峰山三清殿有铜鼓，民国《合浦县志·金石·汉铜鼓》记载合浦福旺圩护民庙、白龙三清庙、乾体天后宫有铜鼓；民国《防城县志初稿·金石》记载防城清惠宫，民国《象县志·金石》记载象州五显庙，民国《宾阳县志》记载宾阳盐仓岭贤良祠，民国《隆安县志·古迹》记载隆安乔建圩雷霆庙，都有铜鼓收藏。钦州犀牛角乌雷村有伏波庙，又称乌雷庙，庙祀东汉马援将军，在正殿东边放有面径约 1 米的大铜鼓一面，配以铁钟，每当祭祀时都要鸣钟击鼓。

第二节　重价求购入私藏

明清以来，私家收藏铜鼓也渐成风气。

清乾隆时的太平府（今广西崇左市）知府查礼拥有一

面铜鼓，将自己的书斋命名为"铜鼓书堂"。

道光年间《和张芥航河帅送铜鼓焦山歌韵》诗中记载嘉庆年间广西巡抚谢启昆的儿子谢学崇家有两面铜鼓，是"泗城土人所献"。这两面铜鼓，质薄而坚，文镂精细，"泗城有鼓制颇杀，亦复镂致方圆花"。嘉庆泗州府在今凌云县泗城镇。

道光年间，广西布政使张祥河拥有 4 面铜鼓。后来他回到松江（今属上海）将自己的书斋命名为"四铜鼓斋"；桂林知府许芍友也有一面铜鼓。

咸丰年间，贺州信都兴安乡社洞村人柳家槐任西隆州（今隆林各族自治县）教谕时，从农民手中得到一面铜鼓，带回信都老家收藏。（民国《信都县志》卷五）

同治年间，广东巡抚吴大澂收集到十面铜鼓，自号为"十铜鼓斋"。

光绪年间，在合浦白龙城南门外烟墩岭脚先后挖出 5 面铜鼓，除 1 面送入白龙三清庙、1 面送给乾体天后宫外，另 3 面都被私人取走（民国《合浦县志》卷六）。光绪二十年（1894）灵山县大化村人掘出铜鼓，被知县阮萃恩购去；宣统二年（1910）朱千岁坟铜鼓、高山大庙铜鼓和新圩文庙铜鼓，都被知县马维骢据为己有（民国《灵山县志》卷二十）。

金石学家罗振玉《俑庐日记》记载：周松霭曾任岑溪知县，获一铜鼓收藏。

据德国学者弗朗西·黑格尔《东南亚古代金属鼓》一书记载：黑格尔在 20 世纪初托人在中国调查，当时梧州一位官员藏有铜鼓。

民国《钦县县志·金石》记载：钦州大寺冯敏昌家藏铜鼓六七面，冯树荫堂、冯树茂堂、冯荣喜堂、冯坡研斋都有铜鼓。

民国 35 年（1946）修的《凤山县志》载：当时凤山县隆梅乡九龙村黄文观，隆梅村黄伯器，砦牙村罗文书、龙昌运、罗明圆、罗润芝、罗明总和乔音乡大同村罗广都有铜鼓。

民国 35 年（1946）修的《三江县志》记载：和里乡杨成杰家，福安乡廖村韦建民家，高基乡桐叶村覃庆祥家，高基乡后里村覃海龙家，都各"藏孔明鼓一个"。

当代民族学家刘锡蕃著有《岭表纪蛮》一书，在这书的第十九章中记载，他在百寿县（今属永福县）老家也收藏一面铜鼓。

第三节　国有馆藏最雄厚

　　铜鼓作为古老的历史文物和现实的民族文物，都有极珍贵的收藏价值。广西各级文物部门都很重视铜鼓的征集和研究。

　　广西博物馆是 1934 年成立的，从一开始就很重视铜鼓的调查和搜集。1935 年出版的《广西一览》记载当时广西博物馆已藏铜鼓 4 面。该馆在 1935 年向 11 个县发出书面调查之后，于第二年（1936）就从南宁、宾阳、永淳（今属横县）、南丹、都安等县征集到 7 面铜鼓。到

图 5-2　广西博物馆文物库房一角

20 世纪 40 年代，广西博物馆收藏铜鼓已达 20 面。50 年代以后，对铜鼓的搜集研究更加积极，博物馆不但花人力、财力将散存各地的铜鼓集中起来，而且对铜鼓的出土地点作细致调查和记录，建立科学的资料档案。60 年代初，广西博物馆已拥有铜鼓 160 多面，到 90 年代初，增至 345 面，是当时中国乃至世界收藏铜鼓最多的博物馆。铜鼓陈列也就成为它最具特色的基本陈列之一。2008 年广西民族博物馆建立，这些铜鼓的绝大部分被拨到广西民族博物馆收藏，于是广西民族博物馆成了世界收藏铜鼓最多的博物馆。

桂林、柳州、梧州、钦州、南宁、百色等市博物馆也收藏有不少铜鼓。其中桂林博物馆有 20 面，柳州市博物馆有 18 面，南宁市博物馆有 17 面，百色左江民族博物馆有 17 面，玉林市博物馆有 9 面，贵港市博物馆有 10 面，钦州市博物馆有 6 面，梧州市博物馆有 4 面，崇左市博物馆、北海市文物管理所各有铜鼓 3 面。自 20 世纪 70 年代以来，一些县和县级市陆续建立文物管理所或博物馆，负有搜集收藏铜鼓的责任，收藏铜鼓的数量也很可观。

北流市境内留存的铜鼓，在 20 世纪 50 年代有 7 面被广西博物馆收藏，其中包括水埇庵大铜鼓（即"铜鼓

图 5-3　灵山县博物馆铜鼓陈列室

图 5-4　桂平市博物馆铜鼓库房一角

之王"）；60年代至70年代初，北流县出土的铜鼓又有5面入藏广西壮族自治区博物馆。自1979年成立北流县文物管理所起，北流境内出土的铜鼓则为北流县文物管理所收藏，1989年成立北流县博物馆，这些铜鼓则转藏于北流县博物馆。1994年北流县博物馆改称北流市博物馆。至1998年，北流市博物馆收藏该市境内出土的铜鼓已达35面，成为广西收藏铜鼓最多的市县级博物馆。

灵山县出土的铜鼓，20世纪50年代至60年代前半期，多被广东省博物馆收藏；1965年8月灵山县划归广西壮族自治区管辖后，该县出土的铜鼓则为广西壮族自治区博物馆收藏；1975年成立灵山县文物管理所，1980年成立灵山县博物馆，之后灵山出土铜鼓均为灵山县博物馆收藏。灵山县博物馆现藏铜鼓24面，是仅次于北流市博物馆的县级市博物馆。

桂平市博物馆有铜鼓25面，平南县博物馆有铜鼓17面，浦北县博物馆有铜鼓12面，陆川县文物管理所有铜鼓12面，藤县博物馆有铜鼓10面，博白县博物馆有铜鼓9面，武鸣县文物管理所有铜鼓6面，容县博物馆、横县博物馆、象州县博物馆、上林县文物管理所、宜州市文物管理所各有铜鼓5面，西林县博物馆有铜鼓4面，邕宁区文物管理所、大新县博物馆、鹿寨县文物管理所各有铜鼓 3 面，龙州县博物馆、合浦县博物馆、那坡县博物馆、柳江县文物管理所各有铜鼓 2 面，武宣县博物馆、上思县博物馆、罗城仫佬族博物馆、环江毛南族博物馆、来宾兴宾区文物管理所各有铜鼓 1 面，等等。

这些铜鼓的来源主要是社会征集。广西东部和东南部地区，自唐代以后已不再使用铜鼓。而出土的铜鼓，以往除了没入官府、置放神祠佛寺和其他公共场所外，大部分随出随毁，没有保存下来。各地建立博物馆以后，出土的铜鼓才有了更好的归宿。改革开放以前，农民挖到铜鼓，大都作为废杂铜卖给当地的供销社或废旧物资收购部门，文物主管部门获知后，及时出面征集，而后转送给博物馆收藏；有的农民知道铜鼓珍贵，则直接献给博物馆。桂东南各县市博物馆收藏的铜鼓，大部分是通过这一渠道搜集的。广西博物馆收藏的唐以前的各式铜鼓也是通过这些渠道，或是从各县、市及乡、镇废旧物资回收部门调拨而来。桂西地区一直还在使用铜鼓，大部分铜鼓散藏民间，除了五六十年代作为废旧物资或封建迷信用品收缴外，一般则根据陈列展览和科学研究的需要，有计划、有目的地到少数民族地区，直接从民众中征集。广西博物馆收藏的许多年代较晚的铜鼓就是 20 世纪 50

年代至 70 年代这样收集起来的。如 1955 年一次从南宁供销社征集到铜鼓 9 面，1958 年一次从柳州收购站征集到铜鼓 32 面，1962 年又从柳州征集到 22 面，1964 年再到柳州二级站征集到 9 面。1970 年在南宁废旧物资公司鉴选出 34 面，1972 年从河池废旧物资公司鉴选出 35 面。南宁、柳州、河池这些铜鼓除极少数是地下出土的以外，绝大多数是从河池、百色的少数民族地区流散出来的，当时如不及时鉴选收藏，则将作为废杂铜送到冶炼厂熔化成铜材。20 世纪 50 年代以来，广西、贵州已有不少铜鼓作为废杂铜，通过物资部门调往上海和湖南株洲，上海博物馆收藏的 200 多面铜鼓中有 140 多面是从上海冶炼厂鉴选出来的。

第四节　散在民间韵味长

特别值得提出的是，桂西地区，自明清以来，一直在使用铜鼓，民间收藏铜鼓极富。虽经 20 世纪 50 年代至 70 年代历次政治运动的不断人为损毁，但到现在为止，还有数以千计的铜鼓散藏民间。河池地区文物站于 1991~1992

年对该地区（现为河池市）所辖 11 个县市进行全面调查，发现其中 9 个县、市 50 多个乡镇存有铜鼓，总数达 1417 面。其中仅东兰县就有 538 面，南丹县有 380 面，大化瑶族自治县有 274 面，巴马瑶族自治县有 141 面，天峨县有 41 面，凤山县有 16 面，都安瑶族自治县有 16 面，罗城仫佬族自治县有 2 面，宜州市有 2 面，河池市（今金城江区）有 1 面，另外，地（市）直属单位有 6 面。据说这些数字是比较保守的，实际数字还要增加 10% 以上。与此毗邻的百色，在田林、西林、那坡等县的壮、苗、瑶、彝等民族也还使用铜鼓，民间保存铜鼓也不少。这些铜鼓是"活"的，是铜鼓文化生生不息的最好见证。

图 5-5 河池铜鼓阵中的四面铜鼓

第六章　千姿百态别类型

铜鼓式样繁多。明代邝露作《赤雅》，把它分为"伏波鼓"和"诸葛鼓"两种，认为大的是伏波鼓，小的是诸葛鼓。清代官修《西清古鉴》根据这种称谓，认为"大抵两川所出为诸葛遗制，而流传于百粤群峒者，则皆伏波为之"。这种分类附会了马援和诸葛亮创制铜鼓的传说。

自 20 世纪 80 年代以来，我国学者将中国境内出土的铜鼓划分为两大系统八个类型，分别称为滇桂系统万家坝型、石寨山型、冷水冲型、遵义型和麻江型，粤桂系统北流型、灵山型、西盟型。滇桂系统铜鼓分布在云南、广西、贵州、四川、重庆东南、湖南西部，一般鼓面小于鼓胸，胸部膨大突出，腰部明显收缩，太阳纹较大，光芒与光体间没有分界线，芒数以十二道最普遍，晕圈有宽窄主次之分，主晕装饰写实图案。粤桂系统铜鼓分布于广东、广西和海南，普遍高大厚重、铸作精良，鼓面有立体青蛙装饰，全身花纹以几何图案为主，晕圈密集。广西西靠云南，东联广东，两个系统八个类型的铜鼓兼而有之。

第一节　万家坝型原始鼓

万家坝型铜鼓，以云南省楚雄州万家坝墓葬出土的一批春秋战国时期铜鼓为代表，是原始形态的铜鼓。鼓面特别小，鼓胸特别外凸，鼓腰极度收束，鼓足很矮，胸腰之际有四只小扁耳；花纹特点是简单、古朴，有一种稚拙味道，给人以稳重感。鼓面的太阳纹有的仅有光体而无光芒，有的有光芒，而芒数无定。鼓胸和鼓足都素面无纹，腰部也只是由几条纵线划分成几个空格。这类铜鼓主要流行于春秋战国时期。

万家坝型铜鼓目前仅在右江流域的田东县发现。1993年3月于田东县祥周乡联福村的南哈坡一座战国早期墓中出土两面，名为南哈坡铜鼓。南哈坡 A 鼓，面径 50 厘米，身高 32 厘米，鼓面太阳纹中心隆起，周围有不规则的 16 道光芒，腰部由正倒 V 形纹带纵分成空格，近足处有一周三叉纹和一周雷纹。

南哈坡 B 鼓，面径 50 厘米，身高 37 厘米，鼓面向内凹陷，中心太阳纹隆起，有短小杂乱的 22 道光芒，芒外又有杂乱的晕圈，外围以绳索纹。胸部凸鼓，胸腰间有两对桥形耳，腰部为纵向曲折纹分割的界格，近足处有

图 6-1　田东南哈坡 A 鼓

图 6-2　田东大岭坡鼓

一周勾连雷纹。1994 年 6 月，在田东县林逢乡和同村大岭坡出土一面。大岭坡铜鼓面径 34 厘米，身高 29 厘米，鼓面小、胸部突出，腰内缩，下部外撇，足极短。鼓面太阳纹中心隆起，有不规则的 11 道芒，胸、腰间有两对小扁耳，腰上半部用绳索纹夹对角三角纹纵向分格，下半部分别饰回纹、绳索纹各 2 道，原始古朴。

第二节　石寨山型成熟鼓

以云南省晋宁石寨山汉代墓葬出土的一批铜鼓为代表，是成熟期铜鼓。这类铜鼓面部宽大，胸部突出，腰部呈梯形，足部短而直，布局对称，纹饰丰富华丽。鼓面中心是太阳纹，光体与光芒浑然一体，三角光芒之间填以斜线，太阳纹之外是一道道宽窄不等的晕圈，窄晕中饰锯齿纹、圆圈纹、点纹等构成的花纹带。宽晕是主晕，饰以旋转飞翔的鹭鸟。胸部也饰以与面部相同的几何纹带，其主晕则是人物划船的写实画像。腰部除晕圈组成的纹带之外，还有由竖直纹带分隔成的方格，方格中饰以牛纹或用羽毛装饰的人跳舞的图像。此类铜鼓造型较雄伟，而纹饰刻划细腻。此类铜鼓流行年代是从战国时期至东汉初期，前后延续了500多年。广西田东祥周锅盖岭战国墓、贺州龙中岩洞墓、贵港罗泊湾西汉墓、西林普驮西汉铜鼓墓以及百色龙川、隆林共和都曾出土过此类铜鼓。

1991年，在贺县（今属贺州）龙中村红珠岩洞葬出土一面，通高26.6厘米，面径36厘米，足径45厘米，鼓面较大，胸部突出，纹饰布局对称，丰富华丽，鼓面中心太阳纹18芒，光体与光芒浑然一体，太阳纹外6晕，窄晕内饰点纹和锯齿纹，宽晕为素面；鼓胸5晕，主晕是对称的4组龙舟，舟上各有4人，1人蹲坐指挥，3人曲腿弯臂划桨，主晕之外分别装饰圆点纹、锯齿纹和栉纹；鼓腰主晕以10条羽状纹为主体，侧边为突点纹的垂直纹带，将鼓腰分隔为10个方格，每个方格内装饰1牛头，一公一母相间，主晕以下3晕，分别装饰点纹和锯齿纹。

1976年发掘贵县（今贵港市）罗泊湾一号汉墓出土铜鼓2面，分别为罗泊湾10号鼓和11号鼓。10号鼓面径56.3厘米，身高36.8厘米，有辫纹小扁耳两对，鼓面12晕，太阳纹12芒，芒间填斜线，第2~4晕为点纹夹同心圆纹，第5晕为变体勾连雷纹、绳纹；第6晕素；

第 7 晕为翔鹭纹，10 只翔鹭，逆时针方向飞翔；第 8~12 晕和胸上部、腰下部均为点纹、锯齿纹夹同心纹。胸部饰 6 组船纹，每船 6 人。船间有鹭、凫、龟。腰部纵分为 10 格，其中 8 格饰舞人 2~3 名。足部刻"百廿斤"3 字。是目前所见最精美的铜鼓之一。

11 号鼓面径 28.8 厘米，身高 24.4 厘米，鼓面中心太阳纹 10 芒，芒间饰斜线纹，芒外 6 晕圈，主晕（第 3 晕）空白，第 2、4、5 晕圈饰栉纹；鼓身 6 晕圈，胸部上方和腰部下方都饰栉纹；胸部下方是 2 组羽人划船纹，每船 2 人，皆裸体。第 4 晕圈由竖行栉纹带分隔成 6 格，格内空白。4 只扁耳等距离地跨附在胸腰之间，耳下方饰网纹。

1972 年，在西林县八达公社普合大队普驮粮站铜鼓墓出土 4 面铜鼓，这 4 面铜鼓大小互相套叠成棺，内置人骨一具，人骨用无数细如粟粒的松绿石串珠编缀而成的"珠襦"包裹，随葬品包括鎏金铜骑马俑、铜踞坐俑、铜六博盘、铜羊角钮钟、铜洗、铜匜、铜耳杯、铜牌饰等 400 余件。4 面铜鼓分别编号为 280、281、282、283 号鼓。

280 号鼓出土时已被从胸腰相接处截断，套在最外一层，面径 77.5 厘米，身高 52 厘米，鼓面 13 晕，中心太阳纹 16 芒，芒间填斜线，第 2、3、4 晕为勾连点纹带，

图 6-3　贵港罗泊湾 10 号鼓

图 6-4　贵港罗泊湾 11 号鼓

图 6-5 西林普驮 280 号鼓

第六章 千姿百态别类型

第 5 晕为勾连云纹，第 6 晕素，第 7 晕饰 20 只翔鹭，第 8~13 晕为勾连点纹、锯齿纹夹勾连圆圈纹；胸上与腰下饰点纹、锯齿纹夹勾连圆圈纹，胸中部饰 6 组船纹，每船有 8 至 11 人，在船台前者羽冠，其余均项髻，其中立者上裸，腰系两幨，坐者全裸，划桨；船间有鸬鹚或鱼；腰部被圆点纹、锯齿纹夹羽状纹纹带纵向分隔成 12 格，每格又被勾连圆圈纹带横隔成上下两层，上层饰鹿纹，每格有鹿 2 只或 3 只，下层饰羽人舞蹈纹，每格 2 人；腰下部饰圆点纹、锯齿纹夹勾连圆圈纹。

281 号鼓面径 72 厘米、身高 49 厘米，鼓面纹饰已锈蚀，只见中心太阳纹 14 芒，芒间饰斜线角形纹，鼓身纹饰也已锈蚀，隐约可见胸部有船纹，腰部有翔鹭纹和羽人舞蹈纹，在胸的上下部和腰的分格间饰锯齿纹、同心圆纹或锯齿纹、羽状组成的纹带。

第三节　冷水冲型多塑像

冷水冲型铜鼓以藤县濛江镇横村冷水冲出土的铜鼓为代表，是发展期铜鼓。这类铜鼓体型高大轻薄，鼓面宽大，但不出沿或稍稍出沿。鼓胸略大于面径或与面径相等，稍微膨胀，很不凸出，鼓腰上部略直，最小径在中部，鼓足较高，与胸部高度略等，鼓耳宽扁，饰辫纹，有的在四耳之外，还有半圆茎拱形小耳一对。纹饰总的特点是瑰丽而繁缛。鼓面中心太阳纹基本固定为 12 芒，芒

图 6-6　西林普驮 281 号鼓

间夹实心双翎眼坠形纹，鼓面边沿有立体青蛙，有的在青蛙之间再饰马、骑士、牛楼、水禽、龟、鱼等动物塑像，鼓面、鼓身遍布各种图案花纹。鼓面主晕为高度图案化的变形翔鹭纹，有1晕勾连雷纹及由此衍变而来的复线交叉纹。鼓胸多有图案化的变形船纹，鼓腰有变形舞人图案和细方格纹，鼓足多有圆心垂叶纹，这些都是匠人精雕细刻的结果，有着一种纤巧的美。冷水冲型铜鼓以桂平、平南、藤县一带最集中，分布于邕江—郁江—浔江—西江两岸，遍布大半个广西。流行年代为东汉晚期至隋唐，以两晋南朝时期最为繁盛。

冷水冲鼓，1974 年藤县濛江镇新城村冷水冲出土，面径 83.7 厘米、身高 60.2 厘米，鼓面太阳纹 12 芒，芒间饰翎眼纹，芒外晕圈直布到鼓边，一点空白都不留，

图 6-7　藤县冷水冲鼓，冷水冲型铜鼓的标准器

图 6-8　平南白坟坪鼓，
　　　　有牧牛塑像的
　　　　铜鼓

其间有水波纹、同心圆纹、栉纹、羽纹、眼纹、复线交叉纹，主晕两道，分别是图案化鸟形纹和变形翔鹭纹，边沿 4 只青蛙，蛙间有 2 组乘骑塑像。鼓身从顶到底布满纹饰，胸部是相背船纹，腰部是变形鸟纹，足部垂叶纹下还有菱形眼纹、羽状纹。出土时有东汉陶罐伴出，是冷水冲型铜鼓的典型代表。

　　白坟坪鼓，1978 年 3 月平南县同和村乡陈龙村白坟坪出土。鼓面直径 69.3 厘米，身高 48 厘米。鼓面边沿 4 只大青蛙塑像，在青蛙塑像之间，点缀着 3 条昂头向逆时针方向行走的牛的塑像。后面的牛背上骑坐一人，似在赶着牛群放牧归来。在相对应的一方是 5 只站立着的鸟塑像。鼓面中心太阳纹 12 芒，芒间饰坠形纹。鼓胸饰变形船纹，两两互相倒置。鼓腰饰变形羽人舞蹈纹，足部饰垂叶纹，

图 6-9　武宣车渡码头鼓，有观斗蛙塑像的铜鼓

图 6-10　冷水冲型铜鼓

其他晕圈饰栉纹、网纹、同心圆圈纹。

车渡码头鼓，1966 年在武宣县武宣乡武宣村东车渡码头出土。面径 89.2 厘米、高 65.7 厘米。鼓面中心饰太阳纹 12 芒，芒间坠形纹。主要纹饰是变形羽人纹、变形翔鹭纹。鼓面边沿逆时针环列四蛙，蛙间原有两座观蛙台模型，现存一座。

第四节 变体纹样遵义型

遵义型铜鼓以贵州省遵义市南宋播州土司杨粲夫妇墓出土的铜鼓为代表。这类铜鼓的特点，鼓面无蛙，面沿略伸于鼓颈之外，面径、胸径、足径相差甚微；胸、腰、足各部的高度相当接近，胸腰间缓慢收缩，无明显分界线，胸腰际附大跨度扁耳两对，鼓面边缘无青蛙塑像，但有蛙趾装饰。纹饰简单，几何纹用同心圆纹、连续角形图案、羽状纹、雷纹构成，主纹则是一种由一个圆圈缀两条飘动的带子组成的游旗纹。此类铜鼓数量较少，主要发现于贵州、云南，广西也有零星出土。

部分遵义型铜鼓与冷水冲晚期鼓比较接近，如桂平

11 号鼓，那坡下华鼓。

桂平 11 号鼓，面径 61 厘米，身高 35 厘米，胸腰际有线纹和绳纹扁耳两对，鼓面一弦分晕，中心太阳纹 12 芒，芒间填以三角坠形纹，其外有栉纹、勾连同心圆纹，主晕是斜阳图案和变形鸟纹。鼓面边沿有蛙趾 4 组。鼓身和鼓腰下部环绕栉纹夹勾连同心圆纹带。腰上部有"Ⅲ"形纹，并有阴刻"第榜子子孙孙永宝"双勾体铭文；足部饰同心圆及复线三角纹。

那坡下华鼓，1991 年那坡县下华出土，太阳纹 12 芒，有酉字纹、游旗纹、同心圆纹，四道大面积同心圆纹十分罕见，腰有竖道，腰足又是同心圆纹。

图 6-11 桂平 11 号鼓，腰部有双勾汉字铭文

图 6-12　那坡下华鼓

第五节　庞然大物北流型

　　北流型铜鼓以北流出土的铜鼓为代表。这类铜鼓，形体硕大厚重，鼓面宽大，边缘伸出鼓颈之外，有的边缘下折成"垂檐"，胸壁斜直外凸，最大径偏下，腰呈反弧形收束，胸腰间斜度平缓，只有一道凹槽分界，腰足间以一道凸棱分界，鼓足外侈，与面径大小相当，鼓耳结实，多为圆茎环耳，鼓面青蛙塑像小而朴实，太阳纹圆突如饼，以八芒居多，装饰纹样多为云雷纹。在西方学者的分类系统中，把这类铜鼓列为Ⅱ型。其以高大著称，原存北流县六靖乡水埇庵的大铜鼓面径 165 厘米，残重 299 千克，是迄今所知最大的一面铜鼓，被誉为"铜鼓之王"。上海博物馆所藏 6597 号铜鼓面径 145 厘米，高 78.8 厘米，排列第二；广东阳江周亨铜鼓面径 142 厘米，身高 82 厘米，排列第三；广州南海神庙铜鼓，面径 138 厘米，高 77.4 厘米，排列第四；桂平麻垌小学铜鼓，面径 137.8 厘米，高 72.5 厘米，排列第五；玉林、北流、平南都出土过面径超过 122.2 厘米的北流型大铜鼓。鼓面大于鼓身，鼓面边缘都伸出鼓胸之外，其中很大一部分北流型铜鼓的边缘下折，形成"裙边"（垂檐）。腰胸之际都有两对提耳，除了少数是扁耳外，绝大多数为圆茎环耳。耳身是实心圆柱形，呈环状或半环状固定在胸腰之间，耳身表面饰一道道细密的缠丝纹，脊背上凸起有节，粗看象蛇，有人称之为蛇纹环耳。耳根饰有三爪，增加了与鼓身的接触面。环耳比起扁耳来，更为强固有力，有的铜鼓除了两对环耳之外，还在相对应的位置上另铸两只小环耳。鼓面中心受击处的太阳纹，光体都呈圆饼状突起。光芒辐射四出，细长如针，常常穿透一二道晕圈，有的芒端还开叉。光芒的道数，绝大部分为 8 芒，鼓面和鼓身的纹饰都以三道弦纹为一组来分隔，一般来说，鼓面晕圈宽而疏朗，晕圈宽窄相等，少数略有宽窄之分；鼓身晕圈则窄而密集，也是宽窄相等。无论鼓面和鼓身，晕圈内的纹样主要是以单线或复线圆圈、方格、菱格、三角、半圆，以及圆点、圆涡、斜方格、方勾等等为基础的多种形式的云雷纹。流行于汉至唐代，主要分布于广西的东南部和广东的西南部以及海南，以广西北流和广东信宜为中心的云开大山区的几个县最为密集，云开大山区是北流型铜鼓的"大本营"。

北流水埇庵鼓，原存北流县六靖乡水埇庵，1955年征集入藏广西博物馆。鼓面太阳纹8芒，3弦分晕，遍施云纹。鼓面大于鼓身，边缘伸出鼓胸之外，下折成"裙边"即"垂檐"。鼓身也是三弦分晕，晕圈密集，施云纹和雷纹。胸部微鼓，腰直，足残缺。胸腰间有两对缠丝纹圆茎环耳，耳根有歧爪，与鼓身牢固结合。鼓面直径165厘米，残重299千克，是迄今所知世界上最大的铜鼓，被誉为

图6-13 北流水埇庵鼓，
世界最大的铜鼓

"铜鼓之王"。

桂平麻峒鼓，原存桂平麻峒镇麻峒小学，1952年送交广西博物馆筹备处。鼓面边缘伸出鼓胸之外，有6蛙逆时针方向环列，鼓身胸部微鼓，腰部略直，足部稍外张。鼓面中心太阳纹12芒，三弦分晕，遍施雷纹；鼓身纹饰密集，胸腰间以凹弦为界，腰足间以突棱为界，胸和腰部栉纹与雷纹逐层相间，足部角形填线纹与雷纹相间。胸腰间有两对圆茎大环耳。鼓面直径137.8厘米，高72.5厘米，为已知世界第五大铜鼓。

岑溪共青路鼓，1954年于岑溪县共青路出土。高57.2厘米，面径90厘米。鼓面太阳纹12芒，边饰6蛙，两两相对环列。二弦或三弦分晕，鼓面宽晕是云纹，窄晕是水波纹，有二晕是五铢钱纹。胸、腰、足也各有一晕五铢钱纹。用汉代流通的五铢钱按捺花纹作装饰，被称为"五铢钱纹铜鼓"。五铢钱纹铜鼓在地方志中曾有记载，但保存下来的仅此一件。

陆川何莫鼓，1976年在陆川县古城镇陆落村何莫社出土，鼓面直径106厘米，身高55.2厘米。胸腰间有环耳两对，耳根有歧爪纹。鼓面有6组青蛙塑像，其中对称2组为累蹲蛙。三弦分晕，中心太阳纹8芒，雷纹云纹相间的纹饰布满全身，其中鼓面第3~6晕间印有对称的"文"字。

图6-14 岑溪共青路鼓，又称五铢钱纹铜鼓

图6-15 陆川何莫鼓，面有文字符号的大铜鼓

第六节 形体凝重灵山型

灵山型铜鼓以灵山县出土的铜鼓为代表。形制接近北流型，外观上，体型凝重，形象精巧。鼓面平展，稍广于或等于鼓身，边缘伸出，但不下折，胸壁微凸，最大径居中；胸以下逐渐收缩成腰；胸腰间仅以细线为界；附于胸腰之际的鼓耳均为带状叶脉纹扁耳；鼓面所饰青蛙塑像都是后面二足并拢为一的"三足蛙"，蛙背上饰划线纹或圆涡纹，装饰华丽，有的青蛙背上又有小青蛙，即成"累蹲蛙"；青蛙的数目一般为6只，有的6只全是累蹲蛙，但大多数3只单蛙与3只累蹲蛙相间排列，绝大多数为逆时针方向环列；鼓面中心太阳纹光体圆突如饼，光芒细长如针，芒数不一，但以10芒和12芒为多，有的芒端开叉；装饰花纹多以二弦分晕，鼓面和身各有三道较宽的主晕，以骑兽纹、兽形纹、鹭鸟纹（或鹭鸶含鱼纹、鸟形纹）为主体纹样，其他晕圈饰云纹、雷纹、半圆纹、半圆填线纹、席纹、四瓣花纹、"四出"钱纹、连线纹、虫形纹、水波纹、蝉纹等；蝉纹一般作边饰。其中一些鼓的鼓耳下方接近鼓足处，装饰动物塑像，常见的是一对（或一只）小鸟，也有饰牛、羊等动物塑像者，这些动物都是头朝下。流行的年代是汉至唐代，主要分布中心是灵山县及与之毗邻的横县和浦北县，即六万大山西侧至郁江横县段的两岸。在此范围之外，只有零星散布。散布范围，最东到高州，南到合浦，西到上思在妙、龙州武德，在越南谅山也有出土；北到桂平大洋。这个分布带，正是北流型铜鼓分布区的西侧和冷水冲型铜鼓分布区的西南方，是晋、南朝至唐代乌浒 – 俚人活动的地盘。

灵山绿水村鼓，1962 年 2 月在灵山县新圩镇绿水村半山坡出土的铜鼓，伴出唐"开元通宝"钱一枚。鼓面直径 81 厘米，身高 49 厘米。鼓面中心太阳纹 10 芒，鼓面边沿逆时针环列 6 只三足蛙，其中 4 只是累蹲蛙，2 只是单蛙。胸腰间有扁耳 2 对。鼓面、鼓身遍饰"四出"钱纹、

图 6–16　灵山绿水村鼓，灵山型铜鼓标准器

席纹、四瓣花纹、鸟纹等花纹。内壁有八晕，饰以鸟纹、四瓣花纹、四出钱纹。后来以这面铜鼓为标准器，命名为灵山型铜鼓。

横县圭壁鼓，1988年4月于横县板露乡圭壁村出土，鼓面直径118厘米，身高64厘米。鼓面中心太阳纹12芒，边缘有4单蛙和2累蹲蛙顺时针相间环列。三弦分晕，晕间饰"四出"钱纹、云纹、雷纹、席纹、虫形纹。胸腰间有扁耳两对，足上有环耳两只，鼓耳下方鼓足处有飞虎形怪兽塑像，双翼平展，载有人形动物，装饰特殊。

邕宁岜卡岭鼓，1989年2月在邕宁县吴圩镇康宁村

图6-17　横县圭壁鼓，足部有飞虎形怪兽塑像

图 6-18　邕宁岜卡岭鼓，腰部有骑士塑像

敢渌屯西南约 2 千米的岜卡岭出土，鼓面直径 91.5 厘米，身高 55 厘米。鼓面中心饰太阳纹 10 芒。鼓面边沿逆时针环列三足蛙 6 只。胸腰间有扁耳 2 对，一耳下方立一乘骑。鼓面饰"四出"钱纹、四瓣花纹、蝉纹、鸟纹、席纹、虫纹、兽纹、雷纹填线纹等。鼓身饰"四出"钱纹、蝉纹、连线纹、四瓣花纹、骑兽纹等。

玉林莲塘坪鼓，1993 年 2 月玉林沙田镇六龙村莲塘坪南约 1 千米的十五冲山上挖出，鼓面直径 133.5 厘米，身高 73 厘米，是目前所知最大的灵山型铜鼓。鼓面中心太阳纹 11 芒，三弦分晕，饰钱纹、四出钱纹、云雷纹。边沿顺时针环列 6 组青蛙塑像，其中 4 组累蹲蛙，2 组青

图 6-19　玉林莲塘坪鼓，最大的灵山型铜鼓

蛙背负田螺。鼓身饰钱纹、云雷纹。胸腰间有宽扁耳2对，在近鼓足处饰一虎塑像。

第七节　轻薄高瘦西盟型

西盟型铜鼓以云南省西盟佤族地区仍在使用的铜鼓为代表。这类铜鼓器身轻薄，形体高瘦，鼓面宽大，边沿向外伸出，鼓身为上大下小的直筒形，胸、腰、足没有分界线，鼓面晕圈多而密，纹饰多小鸟、鱼、圆形多瓣的团花、米粒纹。鼓面有立体青蛙，常见二蛙或三蛙甚至四蛙叠踞。有的鼓身纵列立体的象、螺蛳、玉树等塑像。黑格尔称为Ⅲ型鼓。他说："人们可以把它叫作克伦鼓，因为所有的Ⅲ型鼓都来自后印度的红、白克伦族，但也许更确切地说，它应该叫掸型。大量消息说明这些鼓是当时印度支那的掸邦制造的。"但他不知道，其实中国境内也有这种鼓。广西只有龙州、靖西靠近中越边境地区出土过这类铜鼓的早期类型。

龙州龙江村鼓，1971年在龙州县响水镇龙江村派良出土，面径49.9厘米，身高33.4厘米，足径44.6厘米。胸部有羽纹带孔扁耳两对，面沿逆时针环立青蛙四只，一弦或二弦分晕，鼓面10晕，太阳纹7芒，夹复线单眼纹，其外为栉纹、雷纹填线纹、乳钉套圈纹、羽人变形纹、翔鹭与小鸟纹、飞鸟与团花菱形纹。胸、腰、足部均饰栉纹夹同心圆纹纹带及图案三角纹。

靖西庭毫山鼓，1982年1月靖西县湖润镇华利村西庭毫山挖出，只存鼓面四分之三，面径45.2厘米。鼓面中心太阳纹七芒，晕间饰栉纹、雷纹填线纹、同心圆纹和变形翔鹭纹。

这类铜鼓主要分布于龙州、靖西中越边境线，后来沿中越边境向西传播，在今缅甸境发展成为真正的西盟型铜鼓。

图6-20 龙州派良鼓，早期西盟型铜鼓的代表

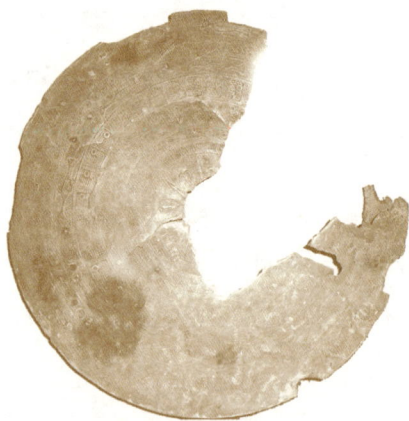

图6-21 靖西庭毫山鼓鼓面残片

第八节　扁矮精巧麻江型

麻江型铜鼓以贵州省麻江县谷硐火车站一座古墓中出土的铜鼓为代表。这类铜鼓的特点是，体形小而扁矮，鼓面略小于鼓胸，面沿微出于颈外，鼓身胸、腰、足间的曲线柔和，无分界标志，腰中部起凸棱一道，将鼓身分为上下两节，胸部有大跨度的扁耳两对。装饰花纹大量吸收汉文化因素。现在壮、瑶、苗、彝等族民间使用的铜鼓绝大多数是麻江型铜鼓。

"天元孔明"鼓，1973 年从都安县征集，面径 47.8 厘米，身高 27.5 厘米。胸部有绳纹扁耳两对。鼓面 9 晕，太阳纹 12 芒，芒间饰简体翎眼纹，其外有酉字纹、花朵纹、乳钉纹、带圈乳钉纹、羽纹，边有八卦中的"坎卦"纹四处，主晕铸汉字铭文，小字为"天元孔明"，大字为"寿福进宝"，二者互相间隔，其间还有一个大"寿"字。鼓胸有乳钉纹，腰足有贝纹和三角形"主"字图案。"天元"是元后主的年号。"天元孔明"就是天元年间铸造的"孔明鼓"。

十二生肖鼓，鼓面以十二生肖为主要装饰纹样，流行于南宋至清代。此类铜鼓面径多在 43 厘米至 50 厘米、

图6-22　"天元孔明"铭文铜鼓

图6-23　十二生肖纹铜鼓

图6-24　"道光"年款铭文铜鼓

高在 25 厘米至 30 厘米之间，鼓面中心太阳纹一般为 12 芒，芒间常填以心形纹或翎眼纹，有的芒尖穿至第 2 晕甚至第 3 晕。鼓面除十二生肖外，还有乳钉纹、酉形纹、云纹、雷纹等纹饰。古人将十二种现实或传说中的动物，即鼠、牛、虎、兔、龙、蛇、马、羊、猴、鸡、狗、猪与十二地支（亦称十二辰）相配：子为鼠、丑为牛、寅为虎、卯为兔、辰为龙、巳为蛇、午为马、未为羊、申为猴、酉为鸡、戌为狗、亥为猪。并认为人生于何年即肖（像）何动物，亦称属何动物，此即十二生肖。十二生肖起源来自古代人们的动物崇拜。到了宋代，十二生肖已形成一个较为完全的系统并在社会上广泛传播，成为术数家算命术中一项不可或缺的重要内容。铜鼓上的十二生肖图案，有浮雕式和线刻式两种表现形式，图形古朴稚拙。

"道光"年款鼓，鼓面铸有清代"道光"年款铭文，为麻江型铜鼓中的晚期型。年款铭文全文为"道光□年建立"，铸于鼓面。铸鼓师将这些铭文制作一枚长 9 厘米、宽 1.5 厘米的长方形印章，印出一行横排的楷书体阳文，其中"光"与"年"间留空一格。铸鼓时将印章捺于鼓面外范上，然后在空格处填上当时的实际年份。铭文绝大多数置于鼓面主晕，一般与符箓纹或云纹、双龙献寿纹、

"福如东海、寿比南山"、"万代进宝、永世家财"等吉祥联语铭文同时出现。有的鼓在此铭文两头各饰一龙纹，构成"双龙献匾"图案。已发现的道光年款有道光二年、四年、五年、六年、七年、八年、十年等。另有一些"道光"铭文铜鼓没有填上具体年份，仅有"道光　年建立"5字。这些铭文均出自同一枚印章，说明这些铜鼓出自同一铸鼓工匠之手。

第七章 壮瑶苗彝『活铜鼓』

铜鼓作为一种民族文物流传了两千多年，生生不息，至今还活跃在民间，成为一些民族传统文化的典型代表。

第一节 敲起铜鼓请蛙婆——壮族用铜鼓

闻道源头浊，崩泥出洞蛮。更无波眼媚，只有石头顽。水落江成隧，天连岸似山。如经武溪恶，添得鬓毛斑。

这是一位壮族诗人在 160 年前写的一首《入红水河》诗，他用传神之笔，把红水河的浑浊和荒险勾画了出来。

红水河横贯广西西部，上游干流是南盘江，发源于云南省沾益县马雄山，流到广西西林县与清水江汇合，经滇、桂、黔三省（区）边界，至贵州省望谟县蔗香村的双江口，与北盘江相汇，始称红水河。因南北盘江都流经红壤、黄壤地区，植被覆盖较差，水土流失严重，每遇暴雨，大量泥沙涌入河中，使河水呈红褐色，故有"红水河"之称。又因这条河从古牂牁郡流出，历史上又称为牂牁江。在广西境内流经 11 个县，至象州县石龙镇的三江口与柳江相汇，称黔江。红水河的水量大，落差陡峻，河床深切，滩多流急，自古以来舟楫难通，被视为航运上的险途。根据《史记》和《汉书》的记载，那时的牂牁江"广百余步，足以行船"。所以，在汉武帝平南越时，唐蒙就主张发夜郎精兵 10 万，"浮船牂牁"，出南越之不意，顺流直下番禺。但是，时过境迁，今天的红水河深陷谷底，滩险流急，难以逾越，已无法全线通航。小吨位的机帆船只能分段航行。

听当地人说，红水河两岸，历来都是使用铜鼓的地方，20 世纪初几乎每个村寨都有铜鼓。壮族使用的铜鼓分公母，一般都是二鼓搭配，成对使用，有的村寨有好几对。壮族铜鼓大都为个人或宗族所有。民国 25 年（1936）编纂的《乐业县志》记载，该县雅长乡圩镇上存有铜鼓；民国 35 年 (1946) 编纂的《凤山县志》记载，当时凤山县隆梅乡九龙村黄文观，隆梅村黄伯器，砦牙村罗文书、龙昌运、罗明圆、罗润芝、罗明总，和乔音乡大同村罗广，家里都有铜鼓。据传，南丹县那地罗氏土司家族曾有铜鼓 24 面，1944年日军入侵，将土司衙门付之一炬，24 面铜鼓全被毁坏。20 世纪 50 年代，铜鼓被作为封建迷信用品，强令收缴销毁，许多铜鼓遭到厄运；1958年全民大炼钢铁，更多的铜鼓被当作废杂铜予以处理，损失惨重。但是，壮族人民想尽办法，躲避历次的清缴、损毁，仍使一些铜鼓侥幸地保存下来。据河池地区文物站梁富林1992年对该地区凤山、天峨、南丹、东兰、巴马、大化、都安、河池、罗城等9个县的调查，现存铜鼓仍有1400余面，这个数字相当于中国各地各级博物馆、文物管理所、大学和科研机构收藏铜鼓的总和。其中东兰县538面，南丹县380面，大化县274面，巴马县141面，天峨县41面，都安县16面，凤山县16面，罗城县2面，宜州市2面，金城江1面，河池市直机关8面。在这9个县的1400余面铜鼓中，属红水河流域的1101面，属壮族的699面。往上追溯，红水河流域属于百色地区的乐业、田林、隆林、西林4县也有一些铜鼓。这么多铜鼓集聚于红水河两岸，使这一地区成为古老的铜鼓文化积淀最深的地区，是世界上少有的铜鼓文化"活化石"的集中地。

每当腊月将尽，新春到来的时候，红水河两岸的壮族村寨就有铜鼓声传出。这些铜鼓都是主人在除夕之前才从秘密收藏的地方取出来的，经过精心擦拭以后，用绳索系着双耳，悬挂在家中宽敞的厅堂，或门前屋檐下，让同村的人敲打娱乐。在东兰和南丹一些壮族村寨，人们还在除夕之夜或新年正月初一，抬着铜鼓游村，一路敲打，挨家挨户登门祝贺新年。有些村寨，从正月初一起，将铜鼓悬挂于凉亭，供大家敲打娱乐，吸引本村和邻村的人来这里对唱山歌，共同欢度春节。

在东兰县的兰阳、长江、巴畴等乡镇，如果碰上建新房，也可以听到清悦的铜鼓声。当新房的木架在地基上竖立起来的时候，主人就将铜鼓悬挂在这个木架上，敲打起来以示庆贺。这种铜鼓声，一直持续到木架安装完毕。

在东兰县的兰阳、长江等地，如果碰上新娘过门，也可以听到铜鼓声。家有铜鼓的娶亲者，在新娘过门的前一天，就将铜鼓悬挂在家中敲打，一直打到整个婚礼结束，宾客散尽。

有时在空旷的山坡，也会碰到敲打铜鼓的场面，那是壮族村民为死去的老人举行葬礼。在东兰县金谷乡接浪村，在为有威望的老人送葬时，要打一面低音的铜鼓。鼓手抬着这面铜鼓，走在送葬队伍中，走几步，敲一下，直到到达坟地安葬完毕。在东兰县兰阳乡，老人去世后，在出殡前一天的晚上，众人就将铜鼓抬到将要安葬老人的葬地去敲打，直打到第二天安葬活动结束。

最难忘的是蚂蚁节。壮族把青蛙叫做"蚂蚁"，蚂蚁节就是通过祭祀青蛙，预测年景，祈求人畜兴旺、五谷丰登的节日。20 世纪 50 年代初期以前，红水河沿岸，北起天峨县的岜暮、云榜，南达大化县的板升，凡有铜鼓的壮族村寨，都流行这一习俗。东兰县仅大同一个乡，就有葬青蛙的地点 33 处。他们传说，青蛙是雷公的使者，青蛙叫，雨水到。祭祀青蛙，可以得到风调雨顺。这一习俗 20 世纪 50 年代被禁止，60 年代中期以后，又开始在红水河两岸复苏。

蚂蚓节是从正月初一开始的。年初一的一大早，寒风料峭，人们吃了汤圆或粽粑以后，便抬着铜鼓，结伴涌向村边的田峒，唱着山歌，在稻田的泥坯中翻找青蛙：

敲起铜鼓请蛙婆，喊得天开雨水落，

图 7-1　东兰壮族蚂蚓节打铜鼓

天女新年进村寨，送来春暖吉祥歌。

当有人第一个找到青蛙的时候，就敲响铜鼓，燃放鞭炮，向大家报喜。然后把青蛙放进事先用木或竹筒制作的青蛙棺材，再放进纸糊的花轿，由二人抬着，送去蚂蚜亭停放。

接着是"孝青蛙"。有一首《蚂蚜歌》唱道："村村敲铜鼓，正月孝蛙婆。"人们每天用酒、肉、糯米糍粑供奉青蛙，并将铜鼓悬挂在蚂蚜亭，让人们在这里打鼓，唱歌，为青蛙守灵。在此期间，还需至少两次抬着青蛙棺、打着铜鼓，走村串寨游行，挨家挨户唱蚂蚜歌，向村民祝福。

最隆重的是葬青蛙。葬青蛙那一天，早餐后，青年们抬着铜鼓到附近的山顶上敲打，用铜鼓声报告天庭，也向世人宣布，今天要葬青蛙了。附近村寨的人听到铜鼓声都会成群结队地赶来为青蛙送葬。在葬礼场上，搭着高台，竖着长长的纸幡，铜鼓横排在两侧，不停地演奏，青年男女，载歌载舞，尽情欢乐。太阳落山之前，由长幡作先导，人们敲着铜鼓，簇拥着青蛙棺来到青蛙墓地，由魔公献祭品，念祭词，做完繁杂的安葬仪式，才把青蛙安葬在固定的地方。有一首《蚂蚜歌》唱道：

大年初一敲铜鼓，请来蚂蚜同过年。

请它坐上大花轿，全村男女庆新年。

　　游村三十日，欢乐三十天，

请得千人来送葬，请得万人来联欢。

从此年年降喜雨，从此月月雨绵绵。

人畜安宁五谷丰，欢乐歌舞落人间。

　　广西田林县的定安和旧州的壮族，有在旧历年底之前迎铜鼓进村寨的习俗。当地寨外有岑大将军庙，每年腊月二十九，众人要用 4 把关刀、4 把马刀护送铜鼓至将军庙，将铜鼓供奉在岑大将军塑像前，日夜焚香祭祀。到来年的正月初二，再将铜鼓迎进村寨来。这时，人们捧着插有岑大将军牌位的香炉，抬着铜鼓，一边敲打，一边行走，火烛在前开道，花烛在后殿路，三弦、竹笛在两边鸣奏，浩浩荡荡开进村来，阖村群众守在村口夹道相迎。这支队伍每到一家门口，都由寨老领着大家唱《太平歌》，主人将一支银纸花插在香炉里。唱完一首，又起身向前巡游，不断有人加入巡游队伍，越到后来，巡游队伍越大，场面十分壮观。

第二节　祭祖铜鼓朝天敲——瑶家用铜鼓

瑶族主要分布在广西、湖南、云南、广东、贵州等省（区）的山岳地带。瑶族的支系很多，至目前为止，还在使用铜鼓的只有大化、都安、巴马一带的布努瑶，南丹的白裤瑶，田林的木柄瑶。

1. 布努瑶

布努瑶族使用铜鼓的情况，史籍多有记载。《泗城府瑶人献岁碑》中说："每岁正月首，偕诸寨瑶人诣府行献岁礼，击铜鼓、錞于，一唱百合。"泗城府即今广西凌云县地区，这一地区，现在还住着许多瑶族。《嘉庆重修一统志》说："瑶在思恩，男子短褐青衣，妇女小袂长裙，岁首祭先祖，击铜鼓为乐。"清代思恩府设在今广西武鸣县北的府城，辖境相当于今武鸣、隆安、平果、都安、马山、上林、宾阳等县。

布努瑶居住在大石山区，境内石山林立，峰峦连绵，包围成一个个锅底形洼地，形成一个个独立的弄场，弄场与弄场之间都有山坳相隔，交通极为不便。铜鼓声越过千山万弄，为他们传递各种信息。过去每遇重大事件，都以击铜鼓为号，聚众议事，也以敲击铜鼓传送信息。

布努瑶敬奉密洛陀，把密洛陀视为始祖娘娘，传说农历五月二十九日是始祖娘娘的生日，大家都杀猪宰羊聚集在一起，为她祝寿。这一天也就成了布努瑶的年节——祝著节。祝著节也叫达努节，主持人在高山顶上敲铜鼓，鼓声传到各个弄场和村寨，大家闻讯，穿上鲜艳的服装，纷纷赶来，参加节日的活动，在山上吹唢呐，跳铜鼓舞。

室外打铜鼓，场面较大，或在高山顶上一块大平地，或在一个宽阔的草坪，或在村寨前后的一块空地，用竹

图 7-2　大化瑶族祝著节打铜鼓

木搭成鼓架，悬挂铜鼓，用一面皮鼓与之合奏。演奏队由一男三女组成。两位女子面对面敲击铜鼓，男子在一旁敲击皮鼓，并以传统的鼓点和节奏，一边敲击，一边舞蹈，另一名女子手持瑶锦带、藤圈、竹帽等物，踏着鼓点跳舞。祝著节在室外演奏铜鼓时，场面更大。皮鼓置于场地中央，将四面铜鼓分别悬挂在四根木柱所拉的绳索上。演奏队由一男四女组成，男子在中央敲击皮鼓，绕着皮鼓跳舞，女子从四个不同方位敲击铜鼓，与皮鼓声交汇。另有数名男子按鼓点节奏绕场起舞，制造热烈气氛。

室内打铜鼓，一般场面较小，通常将公母两面铜鼓高悬于厅堂左右梁上，母鼓在左，公鼓在右，先打母鼓，后打公鼓，以示母亲为大，父亲次之。

2. 白裤瑶

白裤瑶居住在广西北部南丹县与贵州南部荔波县接壤的崇山峻岭之中。由于男子长年穿白色土布裤，故称白裤瑶。白裤瑶是酷爱铜鼓的族群。

白裤瑶以血缘关系为纽带的社会组织叫油锅。每个油锅组织都有铜鼓，铜鼓由油锅头人收藏和掌握，每个油锅成员都可使用。白裤瑶的铜鼓，平时秘藏不宣，只有喜庆和祭丧才拿出来，用于娱乐和祭祀。春节喜庆敲喜鼓，

图 7-3 南丹白裤瑶族打铜鼓

图 7-4 南丹中堡苗族打铜鼓

祭礼送葬打哀鼓。喜庆多用双鼓，阴阳共鸣，丧事多用单鼓，死者是男性则打公鼓，是女性则打母鼓。春节时，铜鼓多是悬挂在屋内敲奏，不设铜鼓场。如果同一油锅的铜鼓多，也集合起来演奏，由牛皮大鼓指挥。起鼓的时间一般在腊月二十七或二十八日，意思是迎接祖先回来过年；收鼓的时间是正月初三、四、五，择其中的吉日，敲奏铜鼓送祖先返回天庭。

　　丧葬打铜鼓主要是配合砍牛送葬，向死者致哀，这时要设专门的铜鼓场。哀鼓场上所用的铜鼓除本油锅的以外，主要由前来吊丧的亲友从外村寨背来，常常形成二三十面铜鼓同时演奏的壮观场面。

　　敲击铜鼓的鼓槌是用鸡血藤制作的。配合铜鼓演奏的还有 1 个接音用的木桶。悬挂铜鼓的铜鼓架很简单，一般用几根木柱并排竖立在铜鼓场，露出地面约 2 米，顶端开叉或钉上横钉，套上竹篾编扎的圈套，每两根木柱之间相距约 8 米，再用木杠横穿篾套，即成横杠。从横杠上垂下绳索系住铜鼓一耳，让铜鼓侧悬，离开地面 10~20 厘米。铜鼓场竖多少根木柱，视可能到场的铜鼓数目而定，如果死者地位高，来的铜鼓就多，有时对情况估计不足，铜鼓不断增加，原有鼓架不够用，临时增竖木柱，使鼓架往外延伸。如果场地不够宽，也可以摆成曲尺形，或正方形框。有一次 40 多面铜鼓同时演奏，在一大块稻田里，将铜鼓架围成正方形框。

在铜鼓场集体演奏时先要祭鼓，主鼓手把牛皮大鼓摆在铜鼓场中央，正对着铜鼓架，铜鼓则一字儿排列悬挂在铜鼓架上，主人家族（油锅）的铜鼓排在第 1 号，其他铜鼓依次排列。舅爷的铜鼓最受尊重，排在正中，对面为牛皮大鼓。牛皮大鼓是指挥铜鼓的，敲击牛皮大鼓的人一般是长者，他会跳铜鼓舞，能演奏各种不同的调式。每一面铜鼓需要两名鼓手，一名鼓手左手执鼓槌，右手持竹片，站在铜鼓左侧，另一名鼓手捧着接音木桶，站在铜鼓的后面。

一切安排妥当之后，寨老出来点燃三支香，摆上牲头、酒、饭，以祭大鼓。祭完大鼓后，拿稻穗、米酒祭铜鼓。祭完铜鼓，寨老双手举起鼓槌，双腿齐跳，敲击大鼓左右鼓面，继而再轻轻敲击鼓面三声，然后依次敲击各个铜鼓鼓面，演奏就正式开始了。

铜鼓一经打响以后，常常是持续不断的，鼓手轮番演奏，通宵达旦，一批鼓手累了，另一批鼓手主动前来接替。铜鼓演奏一直持续到将灵柩抬出村寨为止。

铜鼓在完成送葬仪式之后，被带回原所在村寨之前，也要寨老出来逐个念咒送行，并打发每面铜鼓一团糯米、一块肉、一盅酒，以便回去再做收鼓仪式。

3. 木柄瑶

木柄瑶，自称"诺莫"，"木柄瑶"是他称。他们主要居住在广西田林县浪平、平山等地，保留有使用铜鼓的习俗。铜鼓由年长而又懂巫道的人保管，他们将铜鼓秘密地埋在地下，到每年腊月逢龙日才挖出来，除夕祭社神和正月春节使用。

木柄瑶祭社神时要祭铜鼓，祭祀时一定要宰牛，费用由各户分摊。巫师主祭铜鼓，开始先打五遍铜鼓，代表五个木柄瑶村寨，每打一次即斟一次用苏木水浸过的酒。然后杀牛，将牛肉分成五份，在五个锅里煮熟，再捞出来摆在四张桌面上，供祭韦、陆、甘、莫四姓的神。

春节打铜鼓在正月初三，全寨男女老少，身穿节日盛装，聚集在一起，举行揭鼓典礼。主祭人将铜鼓平放地面，公鼓在左，母鼓在右，母鼓右侧放置一个皮鼓。主祭人在公鼓上放两个粽子，在母鼓上放一个粽子，再各放一只烤熟的鸟和一张纸钱，然后点香，斟酒，烧纸钱。祭毕，将两面铜鼓悬在中堂横梁上，皮鼓悬在右厢房桁条上，主祭人先打一轮，别人才接着打。开始打得缓慢柔和，后来逐渐加快。打皮鼓的两人，既是鼓手，又是领舞者，边打边舞。自此以后，每天都可敲铜鼓跳舞，到正月三十日，又形成一个高潮，全寨人再次聚在一起狂欢，举行隆重的收鼓仪式后，由保管铜鼓的人将铜鼓秘密地埋入地下。

第三节　吹起芦笙跳铜鼓——苗族用铜鼓

苗族分布很广，主要在贵州(40％)、湖南（23％）、云南(13％)、重庆(5％)、广西（5％）等省（区市），其余分布于广东、湖北、四川、海南等省。居住在贵州清水江和都柳江流域雷山、丹寨、台江、黄平、凯里、施秉、镇远的苗族，使用铜鼓最普遍，广西融水、南丹的苗族也还使用铜鼓。

广西融水苗族使用铜鼓的情况可从埋岩的歌词中反映出来。埋岩是苗族民间议事、制定乡规民约的活动。埋岩的时候要吹芦笙、敲铜鼓。《埋岩理词》中有这样的话："芦笙响满寨，铜鼓震四方，长辈来立岩，牢固像白石，长辈来竖岩，稳固像铁柱。"说明进行埋岩仪式时要吹芦笙，敲铜鼓。《整高汪欧埋岩》也唱道："哪里吹芦笙？在松相吹芦笙，在整些吹芦笙，达亨在松相打铜鼓。"在《埋岩歌》唱到埋岩由来一段时，描述整海这个地方，也提到打铜鼓："吹十二把唢呐，敲八个铜钹，整海寨真热闹。哪个祖先造鼓？同力造的鼓。同力不管铜鼓，给模力管铜鼓。模力公敲的鼓，鼓声震整海。"

居住在广西南丹县的苗族有两个支系，一支自称"仡雄"，因妇女穿红裙，被称为"红苗"，分布于大厂、车河、城关一带，20世纪40年代以前也用铜鼓，现在没有铜鼓了。一支自称"仡磨"，因妇女穿花裙，又被称为"花苗"，主要居住在中堡、月里等乡，至今仍在使用铜鼓。南丹县委宣传部年轻的女学者姚岚，深入苗区，在1990年作了调查，发现花苗居住的村寨基本上都有铜鼓。其中中堡3面、油元3面、三幔1面、九立4面、油照5面、拉纳8面、油且3面、油角2面、中岭1面、拉晒1面、甲麦2面、拢结3面，月里的化良、比度屯5面，合计41面。据她推算，在这些村寨中，20世纪50年代初的铜鼓至少是现在铜鼓的两倍，那时有的一个村寨就有10多面铜鼓。1958年大炼钢铁时，把铜鼓当作废杂铜强行收购，"文化大革命"期间，又把铜鼓当作"四旧"强行收缴，致使"仡磨"铜鼓大量减少。现在能幸存下来的铜鼓，大多是铜鼓所有者冒着生命危险，私自埋藏或转移才保留下来的。莫仕林家有一面祖传铜鼓，1989年发生了一场大火，他什么也不顾得救，首先冲上楼解下铜鼓，将铜鼓救出。

中堡苗族铜鼓来源有两种。一是祖传。拉纳村拉纳屯8面铜鼓中有7面铜鼓是祖传的，中堡寨拥有铜鼓的岑乔宝是该铜鼓的第8代传人；油元寨拥有铜鼓的马柱庭是继承铜鼓的第4代传人；拉纳屯拥有铜鼓的莫明芳是继承铜鼓的第3代传人。铜鼓继承法，一般是传给较有打鼓经验，且在家中有一定威望的男子。二是购买。有从外地购买的，也有从本族内部购买的。九立寨陆友才的铜鼓是20世纪40年代他祖父从贵州罗甸苗族地区买来的，油照屯余化龙的铜鼓是1990年从贵州罗甸县大桥乡买来的，油元寨莫应周的铜鼓，是1983年从同乡东井村贡屯壮族莫强手中买来的，拉纳村油且屯余光其的铜鼓是从中堡寨岑应山和岑耀德兄弟手中买来的。当时铜鼓价格，每面少则1000元，多则2000~3000元。

中堡苗族称铜鼓为"招鼓"，一般都要与一面皮鼓配合使用。他们把铜鼓称为母鼓，把配合铜鼓使用的皮鼓称为公鼓。铜鼓低悬，皮鼓高挂。演奏什么调由皮鼓决定，铜鼓跟着皮鼓转。

中堡苗族春节打铜鼓庆贺，称为"庆鼓"。头年除夕晚上，凡有铜鼓的人家都准备好酒肉，烧香化纸祭供铜鼓，主要用酒象征性地清洗鼓面，念祭词，祈求鼓神禀报祖先，回来与子孙共度佳节，并保佑子孙人丁兴旺，五谷丰登。祭祀完后，先用棕绳将皮鼓横挂在鼓架上，然后将铜鼓"请"出，在鼓耳上系一对水牛角，另用铁丝穿住鼓耳，与皮鼓平行，侧悬在鼓架上。主人在铜鼓上象征性地敲打三声，叫做试鼓，说明敲奏铜鼓开始了。敲击皮鼓的人是正鼓手，敲击铜鼓的人是副鼓手，还有长号、唢呐等乐手。正鼓手手举酒杯，对副鼓手、乐手和前来助兴的人群高呼一声："唔——喂""好久罗！"大家跟着齐声喊"好久罗"，即刻演奏。

第四节　金竹铜鼓跳弓节——彝族用铜鼓

彝族主要分布于金沙江南北两侧。南侧主要分布在贵州的乌蒙山和云南的六诏山、哀牢山、蒙乐山，北侧分布在四川、云南的大小凉山。凉山彝族自治州是最大的聚居区。广西的那坡、隆林也有彝族。

广西隆林德峨的彝族在 20 世纪 60 年代以前还在使用铜鼓，广西那坡白彝到现在为止，每年各种重大节日和丧葬仪式都以铜鼓作为他们自娱和祭祀舞蹈的伴奏乐器。

据彝族学者王光荣教授了解，广西那坡白彝在 20 世纪 50 年代尚有 70 面铜鼓，其中达腊村 28 面，包括王姓、梁姓、方姓、黎姓、颜姓各 2 对，科姓、罗姓、李姓、黄姓各 1 对；念毕村 24 面，包括黄姓、兵姓各 3 对，科姓、梁姓各 2 对；者祥村 18 面，包括黄姓 3 对，岑姓、苏姓各 2 对，王姓、覃姓各 1 对。这些铜鼓大部分在 1958 年大炼钢铁时被毁掉，"文化大革命"时又毁掉一些，现存只有达腊 2 面，念毕 2 面，者祥 2 面，坡伍 1 面，总共 7 面。铜鼓不用时埋藏在地下，每年旧历十月初十从地下挖出来，到第二年五月十六日再埋下去，埋下去和挖出来都有隆重的祭祀仪式，都唱《铜鼓王》经诗。

那坡彝族有个补年节，是在旧历的二月初十、十一。传说彝族定居不久，男人都上前线打仗去了，春节期间来不及赶回家同家人团聚，大部分到了二月初才回到家。为了慰劳打仗归来的勇士，全家人到二月初才补过春节，故谓之"补年节"。二月十一这天，男女老少集齐在村旁的舞坪上，由两位"麻公巴"（领队人，是祖先打仗时的首领的化身）率领，按"拉么"（老主人）和"萨喃"（赞礼人）划定的线路，一起欢跳铜鼓舞①。

① 王光荣、杨茂春：《那坡彝族节日》，《广西少数民族风情录》，广西民族出版社，1984。

　　彝族跳弓节，汉译又叫"跳公节"、"跳宫节"或"打宫节"。弓、公、宫都是汉语记音，是彝语"孔够"的音译，而"孔够"就是欢乐祈祷之意。那坡彝族的跳弓节是在每年的四月。跳弓节的铜鼓舞比补年节的铜鼓舞更为热烈隆重。每到这一天，滇桂边界的彝族男女老少都身穿节日盛装，从四面八方汇集到舞坪上来。舞坪正中栽着一丛青翠的金竹，大家踏着高亢激昂的铜鼓声和如诉如泣的五笙声，绕着金竹翩翩起舞。鼓点先是缓慢，男女老少分别排成两列横队，手牵着手，踏着铜鼓节奏舞步入场。慢舞九圈后，铜鼓声由慢转快，舞步加快，逐渐形成高潮。快舞九圈后，由两位吹五笙的"包怕"（吹奏者）带领一群衣着雪白绚丽的姑娘加入歌舞行列。很快笙声代替了铜鼓声，横队变成纵队，场上气氛由激昂豪放转入柔和抒情，舞者边舞边唱：

　　　　来拉爹乃嘛（四月的今天），来拉爹敏嘛（五月的今夜），

　　　　男女老少在一起，欢庆我们的胜利。

　　　　祖先造天地，前辈杀恶敌，

　　　　彝人生活像蜜甜咧，年年有个丰收日。……

　　到了晚上，男女青壮年又集中到"拉么"、"萨喃"和"麻公巴"的家里，继续跳铜鼓舞，一边跳，一边唱酒歌。

图7-5　那坡彝族跳弓节打铜鼓（采自《广西铜鼓图录》）

第八章 装饰内蕴费解读

铜鼓不但是一种乐器和重器，而且是一种装饰图案丰富多彩的艺术品。铜鼓上的各种纹饰、塑像，形象地反映了当地民族的社会生活、风俗习惯和宗教信仰。因此，有人说，铜鼓是一部无字的民族百科全书，内蕴丰富，耐人解读。

第一节　平面曲腰若烘篮

铜鼓造型独特，引人注目，宋人周去非《岭外代答》中称："其制正圆，而平其面，曲其腰，状若烘篮，又类宣座。"有人总结了它们的共同特征，确切地概括为5句话20个字：通体皆铜，平面曲腰，一头有面，中空无底，侧附四耳。整个外形显得对称和谐，起伏有次，富有曲线美和韵律美。

铜鼓的基本结构是，全身分为面、胸、腰、足、耳5个部分。鼓面是一块大圆片，平展正圆，中心有"太阳纹",以"太阳纹"为中心由内向外逐渐扩散的同心圆组成宽窄不等的图案圈带,称为"晕圈",有的铜鼓在最外一晕圈塑造了等距离旋转排列的立体装饰物,最为常见的是青蛙形象。

鼓身一般分为3节:最上节和鼓面相连的叫胸部(也称胴部),一般略为外凸,形成一定球状弧度;鼓胸之下稍内收部分,称为腰部,大多为直筒形,上下两端有界线分别与胸、足分隔;鼓腰之下叫足部,一般上小下大,略为外撇,形成倒置截头锥状。鼓身通常也有类似鼓面的晕圈,晕圈之间层层布满了图案花纹。在鼓胸与鼓腰之间,垂直嵌置鼓耳两对。

铜鼓是手工铸造品,一般都是一模一器,很少重复。它的外形变化带有很大的随意性,尤其是早期铜鼓,如万家坝型铜鼓,鼓高与鼓胸最大直径比值波动范围很大,有的鼓显得矮胖,有的鼓则显得高瘦。随着铜鼓的不断发展,其各个部位逐渐趋于匀称,鼓高与最大直径的比例也逐渐规范与和谐。各种类型铜鼓的高与面径比例抽样统计显示,万家坝型铜鼓的比值绝大多数在0.8以上,石寨山型铜鼓在0.55~0.75之间的约占一半,冷水冲型铜鼓大多数介于0.618~0.714之间,麻江型铜鼓也绝大多数在0.55~0.75之间,北流型铜鼓介于0.55~0.75之间的约占60%,灵山型

图 8-1　冷水冲型鼓

图 8-2　灵山型鼓

和西盟型铜鼓则几乎 100% 的介于 0.55~0.75 之间。以公认的美学标准"黄金分割"比值的 0.618 来进行参照，我们可以发现，随着时代的发展，铜鼓造型越来越趋于符合美学规范，反映了人们不断发展的审美情趣与追求。

虽然各种类型铜鼓的造型都自觉或不自觉地遵从美学规律，但是，它们却又绝不呆滞死板，而是各有各的特点，花纹各异，造型有别。万家坝型古朴稚拙，石寨山型精致典雅，冷水冲型豪华气派，麻江型灵巧自然，北流型雄伟高大，灵山型凝重端庄，西盟型婀娜娟秀，都给人以一种美的享受，让人不禁要为古代的造型艺术击节称赞。

第二节　繁花似锦装饰纹

铜鼓表面装饰着各种不同的纹饰，有几何纹、写实图案，丰富多彩。

所谓几何纹饰，是以最单纯的点、线以及圆形、方形、三角形等为基本要素，按照美的法则构成的图案。铜鼓上的几何纹样，有的充当主体纹饰，表现一定的主题思想；有的组成丰富多彩的几何纹带，作为边饰，起着陪衬烘托、美化主题的作用。

铜鼓上最常见的几何纹是云纹、雷纹、水波纹、席纹、钱纹、锯齿纹、栉纹、羽状纹、圆圈纹等。

1. 云纹

是指一种自中心逐渐外展的单线旋出图案，回旋卷曲，变幻多姿。旧的地方志上称之为"螺丝纹"。这些云纹线条纤细，形体浑圆，有多种组织形式，有单卷云纹、双卷云纹、半边云纹、波连式云纹、填线云纹和在云纹之间填以雷纹，或在云纹之间填以十字。

2. 雷纹

是指几层菱形相套叠的回形图案。雷纹也和云纹一样纤细和富于变化。有小方回形雷纹、半边雷纹、菱形雷纹、椭圆形雷纹、填线雷纹、填点雷纹、"十"字雷纹等等。

云纹和雷纹有时很难严格区分，你中有我，我中有你，互相转化，或相互补充，因而常被合称为"云雷纹"。云雷纹多以二方连续或四方连续方式组成条带或块状图案，均匀间隔，密布于铜鼓的面部和身部。因为北流型铜鼓和灵山型铜鼓把它们作为主体纹饰，有的学者就把这两类铜鼓直呼为"云雷纹铜鼓"。

云雷纹的密布，给人一种玄妙莫测的感觉，增加了这种形体巨大的民族重器和神器的神秘色彩，因而超出了审美意识的范畴。

3. 水波纹

是流水的模拟，也是一种古老的纹饰，一般也作为窄晕，在北流型、灵山型和冷水冲型中都有很丰富的水波纹。

4. 席纹

有的旧志书上称为"簟篠纹"，是由横竖相交的线条排列组成的编织纹。有的铜鼓上的席纹是横7道，竖7道，相间排列成纹带；有些铜鼓上，横4道，竖4道，由3组横竖构成一个单元，用二方连续的排列方式组成纹带；另外一些铜鼓上，则以人字形不断延续，构成波浪式纹样。这种纹饰是北流型铜鼓的主体纹饰之一，也是灵山型铜鼓上仅次于鹭纹和骑兽纹的重要纹饰，有时，它们还以显眼的地位满布于太阳纹的光芒间。

5. 钱纹

是北流型铜鼓和灵山型铜鼓的重要纹饰。这里所说的钱，是指外圆内方的铜钱，是秦始皇统一货币以后在我

图 8-3 云纹

图 8-4 水波纹

图 8-5 钱纹

国流通时间最长的币式。这种方圆合体的形象也是我国古代传统艺术装饰的重要母题。施于铜鼓上的钱纹也有时代前后的变化，有"五铢"钱、四出钱、连钱等形式，开始是写实的，甚或就是用流通的钱币鼓范上按捺而成，后来则抽象化，成为单纯的装饰纹样。

6. 圆圈纹

是几何纹样中形制最简单和运用最广泛的一种形式。每个单元的圆，有双层同心圆，有双层同心圆中心另加圆点，有3层同心圆，有4层同心圆，也有5层同心圆中心加点。有的每两个圆圈纹之间加一条切线，或叫勾连同心圆纹。最常见的组合形式是以若干圆形散点式排列成带作为其他图案花纹的分区分界线。

7. 锯齿纹和栉纹

锯齿纹大量出现于石寨山型铜鼓，其排列组合和出现的场合，同内地汉代铜镜十分相似，是铜鼓很早就吸收汉文化因素的表现。锯齿纹是一端直平、一端有尖的长三角形。锯齿纹放大，就成为冷水冲型铜鼓的垂叶纹。栉纹也大量出现于石寨山型铜鼓上，有时成为鼓面上最显眼的纹饰。它的结构、组合和在鼓面的地位，与锯齿纹都很

图 8-6 羽状纹

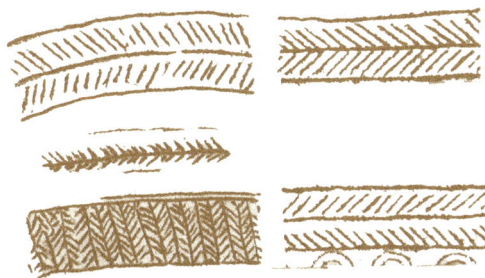

相似，所不同的仅在于，栉纹是一道道排列整齐的短的直线，与尖角不明显的锯齿纹相混。

8. 羽状纹

也叫叶脉纹。是树叶叶脉或鸟羽的模拟。在一条中轴线的两侧歧出平行斜线，有的线条粗短，像飘拂的柳条，有的线条较细长，像片片鸟羽。在排列形态上，有时像是两道栉纹的斜化。

第三节　生活写实画像美

铜鼓上的画像艺术包括自然物体、动物形象、人体动作等现实生括的描绘。画像艺术是石寨山型铜鼓的主体装饰，也是铜鼓艺术中最直接、最形象地反映当时社会生活内容中最有价值的部分，又是铜鼓艺术成熟的表现。

铜鼓上的画像都是在做模时制作的，它是采用直接镂刻或用印板技术压印到鼓坯上留下来的。制鼓匠师们利用铜鼓各个部位不同的曲度和有限平面，布局谋篇，安排各种图形，与其他几何纹样有机地搭配，使整个画面丰满多姿。

这些画像都采用浅底浮雕，用阴线表现物体的外部轮廓。从整个画面来看，一般很少精雕细凿，线条却刚劲有力，虽然不大注意细部形象的描绘，但由于匠师们对于物体的细致观察，寥寥几笔，所刻画出的形象却惟妙惟肖、栩栩如生，尤其是人物和动物的形态，由于抓住了主要特点和瞬间的动态，刻画出来的形象更是生动逼真。这些画像都是以写实为基础的艺术品，是在高度绘画技巧之上的进一步升华。虽然还缺乏较强的透视感，仍有"人大于山"的稚拙作风，但由于在线条运用上已比较成熟，并能恰如其分地表现出不同人物、动物、活动场面的动态感，基本上达到神形兼备。

鼓面太阳纹居中，环绕它的是层层光圈，主晕中布置着翔鹭纹、羽人划船纹、羽人舞蹈纹及它们的变体。

1. 太阳纹

是居于铜鼓鼓面中心的光体纹饰，是铜鼓上最早出现和最基本的纹饰。除了极个别的原始形态的铜鼓没有太阳纹之外，几乎每面铜鼓都有太阳纹。而且这个纹饰的位置一直处在鼓面的中心，始终不变。

铜鼓上的太阳纹的形象，一般都有光体和光芒两个部分。但有的原始铜鼓只有光体没有光芒，表现了它的原始性。其他类型铜鼓的太阳纹都有光体、光芒和围绕着它层层散开的光环。石寨山型铜鼓的光体和光芒浑成一体，没有分界线，光芒呈锐角形，辐射散开，芒道自 8 道至 16 道不等，以 12 道的为最普遍。冷水冲型铜鼓的太阳纹和石寨山型铜鼓的太阳纹相同，但其芒数大多已固定为 12

图 8-7　太阳纹

道。麻江型铜鼓的太阳纹又与冷水冲型铜鼓的太阳纹相似，芒数 12 道已成定格，但有的光芒像矛头，有的光芒凸出起棱脊，是冷水冲型铜鼓所没有的。北流型铜鼓的太阳纹与上述滇系铜鼓不同，光体一般圆突如饼，很厚实，光芒从圆饼边沿射出，细小如针，有的特别细长，芒数以 8 道最普遍，也有 6 道和 10 道的。灵山型铜鼓的太阳纹和北流型的近似，但光体圆小，光芒更细长，有的连透最内的三道晕圈，有的太阳纹的芒端开叉。芒数以 10 道最普遍，也有 11 道、12 道或 14 道的。西盟型铜鼓的太阳纹有的芒根较大，芒端细长，光芒是 8 道、12 道、16 道。太阳纹这些变化，反映了时代、地区或族群的区别，同铜鼓的外部形态和鼓面的其他装饰花纹也有关系。

2. 翔鹭纹

是石寨山型铜鼓鼓面上最常见的纹饰，几乎每一面铜鼓都有一道主晕装饰着一圈展翅飞翔的鹭鸟。这种鹭鸟，有长长的尖嘴，头上长着纤细的羽冠，有圆圆的眼睛，翅膀不很宽，呈三角形，向身躯两边相对平展，尾巴也展开成扇形。每面鼓一般是 4 只，其次是 6 只，也有 8 只、10 只、14 只、16 只、18 只的，最多的达 20 只，

图 8-8　翔鹭纹

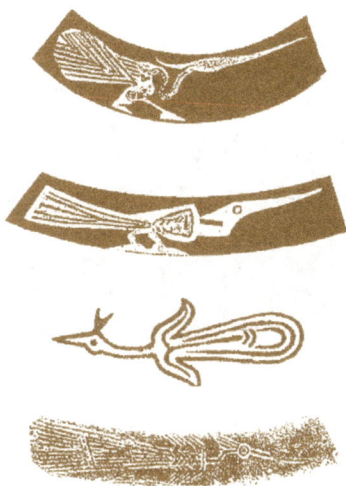

几乎都是偶数，都以逆时针方向绕着太阳纹飞翔。飞鸟数目越多，排列越紧密，18 只和 20 只的，都是一只咬住一只，有的甚至后一只的头部搭到前一只的尾部，连绵不断，构成一个锁链式的花环。

3. 羽人划船纹

是石寨山型铜鼓胸部最常见的纹饰，船的首尾往往装饰成鸟头鸟尾形象，船上有化装的人物在活动，船下有鱼；船的前后有水鸟。贵港罗泊湾汉墓两面铜鼓都有船纹。小铜鼓上有船 4 条，船形简单，船头船尾高翘，很像现在的竹排，每条船上平坐 2 人，这 2 人都裸体，双手向前划桨。大铜鼓上有船 6 条，船身窄长，首尾高翘，

图 8-9　羽人划船纹

第八章　装饰内蕴费解读

船身中部有 12 道横梁，每条船有 6 人，他们赤身裸体，但头上戴有羽冠，在船中前后排成一行，最前 1 人双手执一根羽杖，像是指挥者，后面 5 人都作相同的划船动作。船头前面站有衔鱼的鹭鸶或花身水鸟，船下有鱼，表示船行在水中。西林普驮铜鼓也有船纹，其中 1 面铜鼓上有船纹 6 组。船的中后部有 1 个像靠背椅一样的栅台，台下有 1 个像鼎一样的器皿。每条船上各有 8 人、9 人或 11 人。9 人一船的，有 7 人戴羽冠，其中 1 人跨坐在船头，3 人平坐划桨，2 人腰前后各挂一块吊幅，手执羽杖起舞，1 人高坐栅台之上，指挥全船，另 2 人没有羽冠，头发向后梳成髻，其中 1 人划桨，1 人在最后搬梢。船的前头有大鱼，后头有长喙鸟。8 人一船的少一无羽冠的人，搬梢由一戴羽冠的人担任。11 人一船的，有 9 人戴羽冠，其中多 1 人划桨，另有 1 人在船尾起舞，其余各人和 9 人一船的相同。这种纹饰反映了当时的竞渡习俗，越人生活在水网地区，过着以渔猎为主的经济生活。龙舟竞渡是他们水上生活的演习而已。

4. 羽人舞蹈纹

是石寨山型铜鼓腰部最常见的纹饰，舞人常常头戴羽冠，身披羽饰，手舞足蹈。贵港罗泊湾10号铜鼓有舞人8组，每组2至3人。舞人头戴羽冠，头顶插矛头形羽牌4只，髻缀翼形羽饰，脸向左侧上昂，上身裸露，自腰以下围以鹭尾舞裳，舞裳前幅长略过膝，后幅拖曳着地，双臂下曲，向左右侧伸，作耸肩状，双手叉开呈人字形，左腿前伸，右腿后蹲，上身稍向后仰，扭动腰身，翩翩

图 8-10 羽人舞蹈纹

起舞。2人一组的，舞者头顶上空还有一只衔鱼翻飞的翔鹭相伴。3人一组的，有2组舞者头顶上各有2只衔鱼的翔鹭，其中一组的翔鹭往前飞翔，一组的翔鹭往后飞翔，3人的另一组，舞者头上没有翔鹭，但这一组的最后一个舞人的头饰与众不同，顶上插有7片蕉叶形的羽饰，可能是领舞者。各组舞人之间用锯齿纹、同心圆纹组成的纹带作边饰，加以分隔。单独地看，是2人或3人在舞蹈，连接起来看，却成一幅8组集合20人构成一个整体的大型集体舞的壮丽场景。西林280号铜鼓有舞人12组，每组2人。舞人化装成鹭鸟，头戴羽冠，顶饰蓑毛，髻缀双翼，身着连衣舞裳，舞裳分前后两幅。以手为仪容，扭动腰身，表现鹭鸟飞翔停落的姿态。舞者有的曲张双臂，如临空振翼；有的斜俯双手，如垂翼低飞。其中2人双手叉腰，有如敛翼停落之态。各对舞人之间以几何纹带作边饰加以分隔，自成一幅双人舞的特写画面。将这12幅画面连接展开，就成一幅长画卷，分开的双人舞汇成多姿多态的大型集体舞。这场舞蹈，使人看到有如群鹭飞翔，或高或低，忽上忽下，翩然有序，美妙动人。

5. 牛纹

在贺州龙中鼓、百色龙川鼓、隆林扁牙鼓，腰部主纹

图 8-11　牛纹（隆林
　　　　　共和村鼓）

都是牛纹。这种铜鼓的腰部常用几何纹纵分成若干日字形
方格，在方格内填饰牛纹。贺州龙中鼓腰部纵分成 10 格，
除合范痕所在 2 格空白外，另 8 格内均饰牛纹；百色龙
川鼓腰部纵分成 8 格，格内饰牛纹；隆林扁牙鼓腰部纵
分成 6 格，格内饰牛纹。这些牛纹都是阳纹图案，以封
闭式线描为主，牛角正视，牛身侧视，现出 4 足。轮廓
内填饰几何形花纹。也有少数是绘影式的阴纹图案。所描
绘的牛，细肚，长腿，长尾，长角，高峰，高臀。长角似
水牛，肩峰隆起，又似黄牛，嘴似猪。综合观察应是一种
瘤牛。因其脊背近颈处隆起如山峰，故称为峰牛。一般一
公一母相间，公牛腹下的阴茎粗长。

第四节　雕塑小品情趣浓

除了平面装饰花纹外，有的铜鼓上还装饰立体小雕塑，更增加了铜鼓画面的内容和情趣。铜鼓上最普遍、最广泛的塑像是青蛙。在冷水冲型铜鼓上还有马、骑士、牛群、牛耧、鸟、龟、鱼、螺、囷、花树等塑像；在灵山型铜鼓足部有双鸟、双骑、虎、羊塑像，也是千姿百态。

铜鼓上的雕塑艺术题材新颖，是对铜鼓平面花纹装饰的补充和烘托，为铜鼓整体增添了艺术效果，反映了先民们对某些自然物的认识、理解和感受，表达了他们对审美理想的追求，有着强烈的生活气息，令人回味无穷，遐想联翩。

1. 青蛙

铜鼓上数量最多、最普遍的塑像。除了早期的万家坝型铜鼓、石寨山型铜鼓和晚期的麻江型铜鼓之外，其他各个类型的铜鼓都有青蛙塑像。青蛙塑像装饰在鼓面边缘，有单体的，也有叠踞的。每个鼓面是四只或六只，头向逆时针或顺时针，或一逆一顺，等距离旋转布置。用青蛙装饰铜鼓的含义，有人认为青蛙是益虫，或者把青蛙

图 8-12　冷水冲型蛙

图 8-13　灵山型蛙

图 8-14　北流型蛙

看作雨的"使者"，蛙鸣就是下雨的前兆，铜鼓上装饰青蛙与古人求雨有关，使用铜鼓的民族是农业民族，所以特别重视青蛙。

冷水冲型铜鼓一律 4 只青蛙，形体硕大，空身扁腹，两眼圆突，四足挺立，身披辫形绶带，显得华贵、美观。

灵山型铜鼓的青蛙几乎都是 6 只，3 只单体蛙和 3 只累蹲蛙相间环列，所谓累蹲蛙就是指一只大青蛙背上驮一只小青蛙。蛙的后腿并拢成一，背部饰辫纹、同心圆纹、复线半圆纹，臀部起密线螺旋纹，显得肥大厚实，造型和装饰都很优美。

北流型铜鼓的青蛙塑像有两种。一种是素面小蛙，一般每鼓是 4 只，少数鼓面是 6 只。其中有一面铜鼓鼓面有 8 只青蛙，鼓胸一侧环耳上方还有一对小青蛙，是很少的例外。这种青蛙的形象小而瘦削，表面无纹饰，显得笨拙、呆板。

另一种是"累蹲蛙"，接近灵山型青蛙。

群蛙，1958 年在平南县上渡公社下渡水闸出土的一面铜鼓上，在面沿 4 只大蛙间另有两处累蹲蛙群，每处残存 3 个累蹲蛙，呈品字形排列。

观蛙台，见于武宣车渡码头鼓，在 4 只大蛙之间有两座观蛙台，台面作成方形浅池，池内 4 蛙相对而立，作

图 8-15　群蛙

图 8-16　观斗蛙

争鸣状，台旁站着二人，其中一人背负小孩，扶着台沿俯身观看，极为有趣。可惜此鼓在入藏之前，两位观蛙者已被人锯走，现在只剩下观蛙台。

2.马

见于冷水冲型铜鼓，鼓面除了装饰青蛙塑像之外，还在青蛙之间点缀乘骑塑像。乘骑的形象有单骑徐行的，有双骑并驰的，有的在乘骑之外另塑单独马匹，参差布列，生机盎然。

骑士多较粗壮，有的头戴圆帽，腰佩短剑，双腿跨坐马背上，举目前望，双手平举作拉缰绳状，策马徐行。

藤县古竹乡铜鼓，除了单骑徐行塑像外，还有一组双骑并驰的塑像。

平南县丹竹乡铜鼓，每处乘骑旁边都另塑有一匹小马驹追随。有的人乘母马，马驹低头吸奶。

桂平西山乡鹤岭铜鼓，鼓面有一女童喂马塑像，女童依偎在马的右侧，左手扶着马背，右手伸向马嘴，似在喂食，又似调驯。

贵港庆丰万新铜鼓，鼓面上有一骑者背负着小孩。

柳州市博物馆收藏一面铜鼓，有骑士怀抱一小孩像。

图 8-17 单骑

图 8-18 双骑

图 8-19 女童喂马

图 8-20　骑者背负小孩

图 8-21　骑士怀抱小孩

3. 牛

和马塑像一样，也处在鼓面边沿青蛙塑像之间。牛皆短角，隆峰，头向前伸，四肢平稳站立。象州县中平乡罗汉村铜鼓，有一组三头牛，作前二头、后一头排列：前面二牛挤在一个四方框栏内，后面一牛在栏外。

在 1954 年征集于桂平的铜鼓上，鼓面有两组相对称的牛拉橇塑像。牛的两侧各有一条长而直的辕木，前高后低，辕木前端用轭木联接，横套在牛颈背上，辕木尾部后端有一栏架，架上置一只敞口大篓，尾端向后倾斜接地。牛的四腿直立，拉着大篓蹒跚而行。其中一牛背上站着一前一后的两只鸟，气氛显得异常宁静、安祥。

桂平石嘴镇石鼓岭铜鼓，鼓面上在四蛙之间有一组牛拉耧塑像，全长8厘米。耧的前后平行，两侧是两条辕木，前端用一轭木连接，套在牛的颈背上，两辕木的后端向下弯曲成耧腿，耧腿接地，尾部有一栏架，架上置一敞口大篓，构成两腿耧。一条憨实的水牛，粗角大嘴，四肢平直，拉着耧，迈着蹒跚步子，一人骑在牛背上，两腿跨越辕木，伸向牛腹两侧，双手前举并肩，伸向牛头两角，作驾驭状。

在桂平牛利田鼓上，有一人、一篓、一牛。前面一头

图 8-22　牛拉橇

图 8-23　牛拉耧

图 8-24　人牛耕播

图 8-25　牧牛

图 8-26　骑牛

大水牛，四足立地，昂首平身，鼻上套一个圆形的穿鼻环，环的上方系着一条辫纹粗绳索。绳索从牛头两角间经牛背左侧延伸至尾部，末端缠绕在跟随后边驾牛人的左手腕上。驾牛人头披条形巾，双脚左右张开，略呈半蹲站立，上身微后倾，颈部有一扁状宽带绕颈一圈，带上系一只半球形篓，悬挂于右胸前。篓里盛着种子，人的左手牵绳扶尾驭牛，右手控制篓孔，一耕一播，灵活自如。

见于平南县同和乡陈龙村白坟坪铜鼓，在 4 蛙间点缀着 3 条昂头逆时针方向行走的牛的塑像。前面 2 条牛并列而行，后面 1 条牛将头伸到前面 2 条牛的后腿之间，紧紧跟随着。后面这条牛的背上还骑坐一人，似放牧者赶着牛群归来。

1981 年 11 月平南官城镇八宝村深塘村出土的铜鼓，面沿逆时针环列 4 只立蛙，蛙间饰有人骑牛塑像。

4. 鸭

见于桂平牛利田铜鼓上，与"人牛耕播"塑像处在相对应的位置，由一母鸭、一鸭崽和一孩童组成，孩童怀抱鸭崽行于前，母鸭仰首前视，在后追赶。

图 8-27　孩童戏鸭

5. 虎

在灵山型和北流型铜鼓上还可以看到虎的塑像。虎塑像置于鼓的足部，头朝下，尾朝上。硕头巨睛，尖耳獠牙，长尾高翘，足带利爪。写实逼真，不失其凶猛矫健状。虎是山中之王，在林中统帅众生。有虎塑像的铜鼓都是型体巨大的铜鼓，有是鼓者，当是人中之王，击此鼓可以号令一切。当此铜鼓被系耳侧悬的时候，虎则平稳站立，面对鼓足的后方。铜鼓被敲击，鼓声向后送出，似从虎口喷出的吼声，震撼山野，威慑四方。

横县圭壁鼓有飞虎形怪兽塑像，双翼平展，载有人形动物。

6. 鸟

平南县同和乡陈龙村白坟坪鼓面边沿 4 只大青蛙塑像之外另有两组塑像，一组是 5 只鸟，排成三列，昂头向逆时针方向行走。

藤县和平镇古竹乡鼓面边沿有一对水鸟塑像。

贵港覃塘区石卡镇凤凰林场鼓，一侧耳下方近足处有两只并排站立的小鸟。

图 8-28　鼓足之虎

图 8-29　飞虎形怪兽

图 8-30　鸟群

图 8-31　冷水冲型双鸟
（在鼓面）

图 8-32　灵山型双鸟
（在鼓足）

7. 穿山甲

桂平木根镇秀南村母鸡头岭鼓，面沿环列 4 只立蛙和 1 只穿山甲，穿山甲即鲮鲤。

8. 龟

部分冷水冲型铜鼓鼓面在青蛙塑像之间还饰以 2 至

图 8-33　穿山甲

第八章　装饰内蕴费解读

4 只对称的乌龟塑像。这些龟，大都四足挺立，头向前伸，尾曳于后，龟背饰以纹带和精美的螺纹。桂平南木渡头鼓和藤县平福鼓，都在鼓面 4 只大青蛙塑像之间，有两处各饰一只巨龟塑像。这些巨龟的背甲都由绶带纹分隔成四格，每一格内由一巨大的螺纹填满；龟的四足挺立硬直，龟的头部向前平伸，双目平视，似窥测状，龟的尾下垂，且略向左摆。整个形象表现了龟在吃力地向前爬行。

累蹲龟。平南县大麦铜鼓，鼓面有两处大龟塑像，在大龟的背上又各负一只小龟，形成奇特的"累蹲"龟塑像。

蛙负龟。平南县大新铜鼓，除了鼓面大青蛙之间的两只巨龟之外，在 4 只大青蛙的背上也各负一只小龟，构成青蛙驮乌龟的奇特形象。

图 8-34　龟

图 8-35　累蹲龟

图 8-36　蛙负龟

9. 鱼

象州县中平乡大普化村鼓，鼓面中心饰太阳纹 12 芒，边沿逆时针环列 4 蛙，2 蛙间各饰一条鱼，鱼体相当大，胸鳍和腹鳍呈短圆柱伸向鼓面，支撑起整个身体，鱼尾被一条粗绳系住，拴于旁边的立柱上。

桂平寻旺乡西南村鼓，两蛙间有双鱼塑像。

10. 田螺

见于玉林莲塘坪铜鼓，鼓面上有 6 只青蛙塑像，其中有 2 只青蛙背上各负有一只田螺。田螺伏在蛙背腰部靠

图 8-37 鱼

图 8-38 双鱼

图 8-39　蛙负螺

近后腿之间，似向前爬行。

　　博白县城郊农场鼓，面上也是环踞 6 只逆时针走向的青蛙，但其中有 3 只青蛙背负田螺。

　　博白县永安乡永安村老鸦岭铜鼓，鼓面环踞的 6 只青蛙，每只背上都有田螺，其中 5 只青蛙各背负一只田螺，另一只青蛙背负 2 只田螺。

　　平南武多鼓在鼓面 4 只青蛙塑像间，有两处田螺塑像直接附着在鼓面上，一处 2 只并列，一处 3 只呈三足鼎立之势。

图 8-40　三田螺

11. 花树

桂平石嘴镇石鼓岭铜鼓鼓面上，在牛拉犁塑像对面的一方，装饰着 3 枝并列的花树，每枝花树的顶端，开放着四瓣花芯。

12. 仓囷

平南县官城镇八宝村深塘铜鼓，鼓面 4 蛙间有一处立牛，一处干栏式仓囷模型。两座囤粮的圆囷并排矗立在一座长方形的平台上。

图 8-41 花树

图 8-42 干栏囷

第九章 功能大小都有神

从历史演变的角度来看，铜鼓有它的发生、发展历程，它的用途也由单一用途逐渐发展到多种用途。铜鼓是从铜釜演化而来的，原本是生活的炊煮器皿，因为敲奏它，才兼具有乐器功能，这时期，是鼓与釜并用的过渡期。然后从炊具分化出来，成为独立乐器，才具有打击乐器的特色。因其响度大，传声远，也适用于指挥军队作战，或作为传递讯息的工具。铜鼓不但能传递人间信息，也能沟通人与神之间的灵感，祭祀活动离不开它，因而又是祭器和神器。在古代，能主持祭祀和指挥军阵的，都是那个民族或部族的首领，因此铜鼓也就成为握有特权者的权力重器。

早期铜鼓主要作为乐器使用，但未脱离炊具功能，炊器和乐器兼用；发展成熟后的铜鼓，除作为乐器使用外，也作为祭祀器、陈列品、贮贝器使用，又具有礼器、权力重器的功能。到后期，铜鼓的社会功能变化更大，使用的场合更多，也更复杂，铜鼓作为财富和权力的象征，也可作为贡纳和赏赐品，作为音乐舞蹈的伴奏乐器，祭祀时敲击铜鼓以保佑平安，婚嫁时，聚众击铜鼓以示庆贺，丧葬时敲击铜鼓致哀，用途也就愈广泛。

第一节　蛮夷之乐有铜鼓

铜鼓是作为乐器出世的，它的主要用途当然主要是作乐器演奏。古书是把铜鼓归在"蛮夷乐器"类的。唐代刘恂《岭表录异》就说："蛮夷之乐有铜鼓。"《新唐书·南蛮列传》记载：唐代东谢蛮宴聚时"击铜鼓，吹大角，歌舞以为欢"。宋代的《太平御览》和《文献通考》两部类书，都把铜鼓收在乐部。《太平寰宇记》载：宋代越逎人"亲戚宴会，即以瓠笙、铜鼓为乐"。明代魏濬《西事珥》也说"夷俗最尚铜鼓，时时击之以为乐"。田汝成《炎徼纪闻》载，明代仲家"俗尚铜鼓，时时击之以为乐"。清代屈大均《广东新语》说："粤之俗，凡遇嘉礼，必用铜鼓以节乐。"

每个民族大都有自己喜爱的独特乐器，每个民族的音乐多具有其独特的风格。使用铜鼓的民族，利用铜鼓这种独特的乐器，演奏出来的音乐，自有它特殊的风味。铜鼓音乐就是指单独演奏铜鼓和用铜鼓与其他乐器配合演奏形成的音乐。每面铜鼓能敲出两个音，音调比较单纯，单独演奏时只能敲出节奏音，起烘托气氛的作用。在多数场合下，必须由多面铜鼓组合或与别的乐器配合使用。最简单的组合是二鼓合奏。二鼓合奏，比起单鼓独奏是一个飞跃，它可以由两鼓不同的音程构成和声，奏出悦耳动听的曲调。其次是四鼓合奏。如东兰、天峨等地壮族青蛙节敲奏铜鼓，都习惯每4面铜鼓为一组，配合敲奏。

铜鼓在更多的场合还是和其他乐器配合使用，这在考古发现和当代民族中可找到大量例证。西林普驮铜鼓墓葬，4面铜鼓与2件羊角钮钟伴出，是铜鼓与羊角钮钟配合演奏的实证。羊角钮钟是公元前5世纪开始流行于我国云南、广西、广东和越南北部的一种特殊民族乐器，它与铜鼓几乎同时起源于云南中部偏西地区，并和铜鼓一起从滇西往红河和西江流域传播开来，可以说，羊角钮钟和铜鼓原是一对孪生子。铜鼓声音低沉，羊角钮钟声音清越，二者合奏，高低音相互补益，可减少铜鼓声的单调感，产生更好的效果。可惜自公元前后，羊角钮钟突然消失了，没有与铜鼓一起继续发展延续下来，后来就找不到这种配合使用的例证了。

打击乐器铜鼓有时还同吹奏乐器葫芦箫合奏。铜鼓与葫芦箫合奏的情况，文献上也有记载，宋人乐史《太平寰宇记》说到，当时太平军（今广西合浦）的夷人，"亲戚宴会，即以瓠笙铜鼓为乐。"民国《宾阳县志·铜鼓考》载，广西罗城的瑶族打铜鼓仍"杂芦笙以助兴"。铜鼓、铜钟等打击乐中加入音色柔婉的吹管乐，能使铜鼓、铜钟打击乐逐渐摆脱以节奏、音响为主的原始状态，变成有旋律的吹打乐，使音乐表现力增强，是一个不小的进步。

贵港罗泊湾一号墓墓底器物坑内出土了两面铜鼓，一大一小。小铜鼓（M1：11）出于东边器物坑内，同出的乐器有半环钮钟（又叫筒形钟）二枚，羊角钮钟一件，铜锣一面；大铜鼓（MI：10）出于西边器物坑，同出的乐器有木腔皮鼓一具。在邻近器物坑的殉葬人棺内还出土竹笛一支。器物坑和殉葬坑未经盗扰，各种乐器的种类、数量与放置均属原貌。初步分析，这是一套以铜鼓、编钟为主要乐器的钟鼓乐器。

1983 年 7 月，广西壮族自治区文化局曾组织一些民族音乐工作者做了一次铜鼓演奏的试验。他们利用广西博物馆收藏的铜鼓，从中挑出音色纯正的 14 面作主奏乐器，其中 9 面按音程结构编排，另 5 面作节奏音。由广西民族歌舞团林先文等人演奏了彝族《快乐的啰索》，壮族舞曲《棒棒灯》，瑶族《祝酒歌》，日本民歌《四季歌》，加拿大歌曲《红河谷》和电影《刘三姐》、《乡恋》的插曲。

演奏侗族民间乐曲时还用了西林铜鼓墓中出土的羊角钮钟伴奏，效果都很好。

第二节　铜鼓齐敲唱海歌

铜鼓作为乐器，最常用的场合还是为歌舞伴奏。

使用铜鼓的民族是爱歌的，他们出门就唱歌，用山歌表达自己的情感，诉说自己的喜怒哀乐。他们都有自己的歌节，铜鼓声伴随着多彩的民歌在山间飘荡。铜鼓声不但为民歌打节拍，更重要的是烘托气氛，制造声势，把歌唱活动推向高潮。

历代诗人对敲击铜鼓载歌载舞的场面做过许多生动的描绘，吟咏这些诗词，会使我们领略南国的古老风情，和先民们一起分享丰收和胜利的喜悦。

> 犍为城下牂牁路，空冢滩西贾客舟。
>
> 此夜可怜江上月，夷歌铜鼓不胜愁。
>
> ——唐·陈羽《犍为城下夜泊闻夷歌》
>
> 村团社日喜晴和，铜鼓齐敲唱海歌。

都道一年生计足，五收蚕茧两收禾。

——明·汪广洋《岭南杂咏》

碧天霜冷月明多，平澧风交湘水波。

夜夜枫林惊客棹，村村铜鼓和蛮歌。

——明·杨升庵《沅江曲》

　　这些诗词中的"夷歌"、"海歌"、"蛮歌"都是少数民族民歌的代名词。这些脍炙人口的诗词，都把铜鼓与民歌连在一起，可见铜鼓与民歌之间的关系密切。可惜歌声随风飘荡，化入云中，没有给后人留下任何踪影，无以为它们找到与铜鼓声伴和的实证罢了。

　　铜鼓不但伴歌，更多是伴舞，几乎可以毫不夸张地说，凡有敲击铜鼓的地方，都必然伴随着翩翩的舞蹈。"铜鼓响，脚板痒"，有的人一听到铜鼓声就情不自禁地舞起来。现代还使用铜鼓的壮族就有"铜鼓不响不开舞"的俗语。

　　铜鼓伴歌的现象出现很早，大概起自铜鼓产生之时。铜鼓伴舞，文献也多有记载。三国时东吴丹阳太守万震著《南州异物志》载：交广之界的乌浒人"出得人归家，合聚邻里，悬死人中堂，四面向坐，击铜鼓，歌舞饮酒，稍就割食之"。

　　明、清时期，在中国西南少数民族地区，敲奏铜鼓以伴歌舞更是司空见惯。

道光年间在广西罗城三防任主簿的余应杭用古风的形式记述了辖区内"峒民"用吹芦笙击铜鼓为他贺岁的盛况：

　　春风骀荡春日长，丁男歌舞拥上堂。先祝太平后祝寿，其风近古多悠扬。芦笙铜鼓齐答响，莫谓此地属边防。一人起歌众人和，视谁先者为低昂。歌声嘹亮厥竟远，天籁不必调宫商。绝胜瑶哇徒委靡，大抵致语皆吉祥。曲罢尾声更舒缓，余韵兔兔犹绕梁。劳以饼饵慰之去，同心赞叹喜欲狂。

直至现代，在壮族、布依族、水族、瑶族、苗族的广大农村中，凡传统节日、庆祝集会及婚嫁喜庆，都还有敲铜鼓跳舞的习俗。在瑶族、苗族、壮族、彝族、布依族、水族之中，都有铜鼓舞。

第三节　铜鼓声喧夜赛神

击铜鼓以伴歌舞，而舞乐又与祈年禳灾等宗教活动密不可分。《宋史·蛮夷传》中讲到，在贵州的一些少数民

图9-1 东兰国际铜鼓文化旅游节三弄番瑶打铜鼓

族有了疾病不抓药，"但击铜鼓沙锣以祀神鬼"。这种现象在历史上流传时间很长。

用铜鼓赛神，到唐代已很普遍，其地域已不限于西南山区，北部到了长江两岸。不少诗人已将铜鼓赛神写于诗章。

> 铜鼓赛神来，满庭幡盖徘徊。
>
> 水村江浦过风雷，楚山如画烟开。
>
> 离别橹声空萧索，玉容惆帐妆薄。
>
> 青麦燕飞落落，卷帘愁对珠阁。
>
> ——唐·温庭筠《河渎神》

这是反映在江南楚地用铜鼓参加赛神的情景。这种赛神活动都在江河上举行，也是一种群众性的娱乐盛会。

在岭南铜鼓赛神的事例更多。宋代做过番禺县尉的诗人方信孺在《南海百咏》中记述了广州附近的情况，说广州南海神庙中的铜鼓"自唐以来有之，《番禺志》已载其制度，凡春秋享祀，必杂众乐击之以侑神"。他咏道：

> 石鼓嵯峨尚有文，旧题铜鼓更无人，
>
> 宝钗寂寞蛮花老，空和楚歌迎送神。

至明代，南海神庙铜鼓还是"时鸣以祀祝融"（黎遂球《波罗铜鼓赋》序）。清代岭南诗家梁佩兰作《南海神庙铜鼓歌》，详细地叙说了南海神庙巫师敲击铜鼓祭神的习俗。岭南其他地方也用铜鼓祭神。明代魏濬《峤南琐记》载："二月十三日祝融生日，土人击铜鼓以乐神。"清代屈大均《广东新语》铜鼓条说："雷人辄击之以享雷神。"海南黎族祀雷神也击铜鼓。李调元《南越笔记》马人条说："其地有掘得文渊所制铜鼓，马流人常扣击以享其祖，祖即文渊也。"

广西中西部，明清时期用铜鼓赛神更是司空见惯。请听清人戴朱纮绂的《铜鼓歌》：

> 蛮溪雾毒苍虬舞，土人架阁悬铜鼓。
>
> 问是当年谁所留，尽说传自汉武侯。

武侯天威靖蛮落，日畴岁垦桑麻蒻。

四时儿女吹芦笙，椎牛酾酒欢相嚓。

……

春秋赛社击铜鼓，何用腰刀藏毒弩，年年但种山前土。

（民国《柳州县志》）

在广西南部，沿左江而上，每当河流拐弯处，耸立的石灰岩峭壁上，常有赭红色的大型画面。这种画面，到目前为止已发现 80 余处，绵延 200 公里。画面中有人物、狗马、船只和铜鼓等形象。其中以宁明县花山的一处画面最宽、最长，高 50 米，宽 170 米，图像多达 1300 多个，因而名之为花山岩画，画上的人物多裸体，几乎都以相同的姿势欢呼跳跃。这种地处江流的崖画，很可能就是古代击铜鼓赛江神活动的写实记录。

至明代，广西龙州仍用铜鼓赛神。解缙《龙州诗》说：

波罗蜜树满城闻，铜鼓声喧夜赛神。

黄帽葛衣虚市客，青裙锦带冶游人。

这龙州处于中越边境，是壮族聚居区。明永乐年间被贬任广西布政使司参议的解缙徜徉其间，这首诗应是他亲见亲闻之作。

清代同治年间诗人黎申产有《钦州马新息侯庙》诗，说钦州也用铜鼓赛神：

> 铜鼓喧阗赛故侯，盘登蘦苡不胜愁。
>
> 时方贵盛轻朱勃，事到艰难念少游。
>
> 早有盛名腾陇右，哪知心力尽壶头。
>
> 蛮夷处处还祠庙，况复遗民是马流。

1934 年修的《武宣县志》，收录有高攀桂的《神窟流泉》诗：

> 铜鼓喧春社，黄仙有古祠。
>
> 迎神歌一曲，祈岁酒三卮。
>
> 泉泻儿童乐，年丰父老知，
>
> 消长无定候，灵穴自无私。

广西沿红水河两岸的天峨、南丹、东兰、巴马、大化、都安等县的壮族有一个隆重的青蛙节。青蛙节是赛神祈求丰收的节日。过青蛙节的时候，凡有铜鼓的村寨必用铜鼓。

图 9-2　田阳祭祀布洛
　　　　陀壮族打铜鼓

从旧历正月初一开始找青蛙，到后来的孝青蛙，抬着青蛙棺材走村串寨，到最后葬青蛙都要非打铜鼓不可。在男女对唱的《祈蚂蚜歌》中，开头一段就唱道："蚂蚜神呀蚂蚜神，打着铜鼓接你来到，敲着铜锣迎你光临。"最后一段又唱道："蚂蚜神呀蚂蚜神，明年铜鼓响了你要来到，铜锣响了你要光临。"（《东兰歌谣集》）没有铜鼓的青蛙节，简直不可想象。

第四节　鸣鼓集众传信息

　　铜鼓是低频响器，频率愈低，在空气中传播愈远，因而适合远距离传递信息。在丛林密布、山陡水急、交通极不方便的地区，在现代化通信工具普及之前，信息传递不灵成为人们生活中很大的困扰。铜鼓的声音在某种程度上弥补了这种缺憾。同一地区或同一部族特殊的鼓语，传递着特殊节奏的声波，形成一张无形的通信网，部分满足了人们在这方面的要求。正如清人檀萃在《滇海虞衡志》中说，铜鼓"会集击之，声闻百里以传信"。铜鼓很早就被用来作传信工具。据晋人裴渊《广州记》载：当时居住在岭南地区的俚僚在打仗的时候，就是敲击铜鼓召集部众的，"鸣此鼓集众，到者如云"。到隋代，情况还是如此。《隋书·地理志》说俚人"欲相攻，则鸣此鼓，到者如云"。南诏中兴二年画卷中，有当时"打更鼓，集村人"的情况。画中所绘"更鼓"就是铜鼓。铜鼓作为打更报时用，是退化了的功能。明洪武二十九年(1396)在广西宜州置庆远卫，更旧城东门为中谯楼，"上置铜鼓刻漏"（明·杨梁《修府城记》）。将铜鼓与刻漏放在一起，应是作为打更报时用的。清光绪十年（1884）修《北流县志》载：清嘉庆二年（1797）该县石一里庞坡上里许溪水潦冲激见一铜鼓，乡人移入泗洲庵，"以为更鼓"。据 A.B.迈尔《后印度铜鼓向东印度群岛播迁》所载：泰国皇帝二世王宫里有一面铜鼓是用来报时的，每当日出日落和午夜，人们就敲响它。在绿玉佛寺禅房中的壁画上描绘了皇家渡船在行进中使用铜鼓的情景。在古老暹罗的土地上，铜鼓是为泰国人民"至高无上的主"国王而敲响的。虽然现在由于新的价值观的影响，在泰国社会中，铜鼓已失去了它原来的意义，但在宫廷中还严格地保留其礼仪及仪式，仍然可以听到铜鼓声音的回响。

明代梦觉道人、西湖浪子所辑《三刻拍案惊奇》第十二回《坐怀能不乱，秉正自无偏》中，记述一位从内地到广西融县（今融水苗族自治县）做县丞的秦凤仪，奉命深入苗峒催粮。接待他的苗峒首领恰是被他救过命的人。这位首领为报答秦凤仪的救命之恩，主动出来替他催粮。只见这位首领"便去敲起铜鼓，驼枪弄棒，赶上许多人来"，很快完成了催粮任务。可见，铜鼓声也是苗族首领召集部众的信号。

明清时期，壮族地区有的衙署放置铜鼓，官府开门升堂时也挝铜鼓。明人徐渤《送凌云孚司马擢粤西太平郡守》诗中说道："节钺西行象郡赊，襄帷闻看刺桐花。瓠笙吹月春驱骑，铜鼓闛云早放衙。"（《粤西诗载》卷十五）清人金虞《来宾官署偶题》也说："雷江都是僮人家，铜鼓声声早报衙，坐客春风无长物，绿梅花顶寄生茶。"（《柳州府志·艺文》）

刘锡蕃《岭表记蛮》说到 20 世纪 30 年代苗山的事，还说"今蛮人集议军警公益一切事件，亦以撞击铜鼓为唯一号召之方法，流俗相沿，犹未少变。"

铜鼓也用于民间传递消息。如失火，敲击铜鼓吁请邻寨的人赶来援救；死人，敲击铜鼓把不幸的消息通知亲人和邻居。即使用来"做鬼"，敲击铜鼓也有把鬼神召唤到做鬼场上来的用意。红水河流域的壮族在青蛙节葬青蛙时，将铜鼓抬到高山上去敲，告诉远村近邻今天要葬青蛙了，号召大家前来为青蛙送葬。

由于铜鼓在不同场合有各种不同的用途，要使族人听到鼓声能分辨出它的意图，就必然有一定的鼓点，这种鼓点很像现代的电报密码，它由敲击铜鼓的不同部位、鼓声的长短、频率的快慢等不同组合来区别，同族人一听就会明白。如云南佤族，在失火或死人等不幸事件发生时，敲击的鼓点就急促；做鬼时，敲击的鼓点就缓慢；召集部众从事战争时，击铜鼓 3 下，鸣枪 3 次。南丹白裤瑶，当老人死去时，主家第一个将铜鼓拿到户外去敲击，向村邻报丧。

第五节　获鼓胜获十万军

铜鼓用来召集部众，指挥军阵也是自古有之。《隋书·地理志》载："自岭以南，二十余郡……（诸獠）俗好相杀，多构仇怨，欲相攻，则鸣此鼓，到者如云。"《唐六典·武库令》说："凡军鼓之制有三：一曰铜鼓，二曰战鼓，三曰铙鼓。"并注云，"铜鼓盖南中所置"，指明是南方铜鼓。著名的晋"义熙"铭文铜鼓，有"虞军官鼓"铭辞，说明是一面军鼓。铜鼓用于战阵，唐代诗人李贺的《黄家洞》一诗作了形象的描绘："雀步蹙沙声促促，四尺角弓青石镞。黑幡三点铜鼓鸣，高作猿啼摇箭箙。"据宋人方信孺《南海百咏》序载，当时广州"府之武库"存有两面铜鼓，也应是作为军鼓存放的。陆游《老学庵笔记》说，铜鼓"南蛮至今用于战阵，祭享"，把用于战阵和用于祭享同列。到明代，铜鼓仍用来指挥军阵。明人徐渤《送赵淇竹都阃擢粤西参将》诗说："西拂旌霓桂岭寒，辕门号令肃材官。秋挝铜鼓擒蛮垒，夜枕金戈卧将坛。"用铜鼓指挥那种惊心动魄的战争景象，从钟儒刚的《抚署铜鼓歌》中可以体会到："山鸣雷动声交驰，乌蛮罗鬼心魄离。一击再击手相随，沙场月白霜风吹。"（《粤西诸蛮胜迹》）。

在某些民族看来，鼓声既是信号，也是命令，闻之而动，不可稍怠。尤其是在战争中，其号召力和鼓动力，远非别的信物可比。因此，战争的双方都很重视对铜鼓的争夺。在一个时期，铜鼓的得失，成了战争胜败的重要标志。封建王朝在对这些民族的战争中，除了虏获头人之外，常以缴获铜鼓作为胜利的象征。明代朱国桢在《涌幢小品》中说："凡破蛮必称获诸葛铜鼓。"夺得了铜鼓就等于夺得了敌方的旗帜和指挥权，置敌方于被瓦解之地位。对某些部落的头人来说，失去铜鼓就标志着统治地位的丧失，成为一生最大的耻辱和不幸。

所以诗人就说："颇闻蛮中最宝此，千牛一面称雄尊。……僚伶亿僮畏都老，获鼓胜获十万军！"

历代中央王朝，在镇压西南少数民族时，多以缴获铜鼓为战利品。《南史·兰钦传》说："南征夷僚，大献铜鼓。"明清时期仍是如此，明将刘显征都掌蛮获铜鼓 93 面就是显例。明苍梧总督军门府有铜鼓大小 14 面。（应槚《苍梧总督军门志》）据王世贞《合州史料》载："韩雍晋都察院右都御史军门列铜鼓数十。"藏铜鼓于军门作为军鼓，以缴获铜鼓显示其军功。使用铜鼓的民族在跳铜鼓舞的时候，也常常表现战争。

第六节　鼓声宏者易千牛

"国之大事，在祀与戎。"由于战争和祭祀都由统治阶级的头人主持，铜鼓就逐渐由一般乐器上升为礼器，成了铜鼓占有者身份和地位的化身，这很像中原地区的钟、鼎彝器。裴渊《广州记》谓"有鼓者，极为豪强"；《隋书·地理志》说："有鼓者，号为都老，群情推服。"《续资治通鉴长编》说："家有铜鼓，子孙秘传，号为右族。"甚至如《明史·刘显传》所说，"得鼓二三，便可僭号称王"。彝族英雄史诗《铜鼓王》就说："铜鼓价值高，有鼓便称诏；谁个铜鼓多，那就称大诏。哪个铜鼓少，只得称小诏。"由此，铜鼓成为权力的象征。广西壮族传说，古时雷婆管天下，谁不听她管，她就劈死谁。有个小伙子叫冬林，有一次抓到雷婆的儿子青蛙，问他："你妈为什么那么厉害？"青蛙说："因为她有铜鼓，敲起来震天动地。"冬林为了对付雷婆，造了一个牛皮鼓，当雷婆要下来劈他的时候，他把鼓擂起来，雷婆以为人间也有铜鼓，就不敢来劈人了。后来人们也造出了铜鼓，威震四方。

铜鼓既成礼器，就不单是敲击和实用的东西了，而更多的场合是用来陈设，以其数量之多、形体之大、花纹之精，显示主人的权势和富有。

因为铜鼓作为权力重器用于陈设，除了追求其数量之多以外，也追求其形体之大，以至"鼓唯高大为贵"，面径超过一米以上的大铜鼓竞相鼓铸，到魏晋南北朝时期发展到了顶峰。

铜鼓还可以作为珍贵物品被少数民族的首领赏赐给有功者，借以表示自己对属下的笼络和器重。《唐书·南蛮传》说，东谢蛮"赏有功者以牛马铜鼓"。他们还把铜鼓作为贡品进献给中央王朝，以表示自己对中央王朝的臣服，争取中央王朝对自己统治权的承认。《宋史·蛮夷传》说："乾德四年(966)，南州进铜鼓内附，下溪州刺史田思迁亦以铜鼓、虎皮、麝脐来贡。"淳化元年(990)南丹州蛮酋帅莫洪皓袭称刺史，派他的儿子莫怀通向中央贡银碗、铜鼓，也是为了争取中央对他袭称刺史的承认。

因此，铜鼓历来就是价格昂贵之物。《晋书·食货志》记载了晋孝武帝在太元三年(378)下的一道诏令，从这道诏令中可以看出，当时有许多"官私贾人"将称为"国之重宝"的铜钱偷运到广州(包括今广东广西)卖给当地的"夷人"(即少数民族)，这些夷人将铜钱熔化，用来铸造铜鼓。由此可见，在这些民族看来，就是按斤两计算，铜鼓也比当时流通的钱币还贵重得多。不然，怎么会舍得把铜钱熔化了去铸铜鼓呢？到明代，"鼓声宏者为上，可易千牛，次者七八百。得鼓二三，便可僭号称王"。(《明史·刘显传》)这是我们见到有关铜鼓在历史上最高价格，那时铜鼓已在某些民族中"神"化了，统治者为了提高自己的地位，"必争重价求购，即百牛不惜也"。"重货购求，多至百牛。"因此只有富人才能买得起铜鼓；而买铜鼓的动机只是为了提高社会地位，若社会地位较高而经济上并不富有的人便不能购买铜鼓，相反，社会地位不高而经济上富有的人，即可因购入铜鼓而提高社会地位。铜鼓不仅是权力的象征，而且成为财富的象征，或者说铜鼓本身就是一种财富。

铜鼓既然这么贵重，在人间享受拥有铜鼓特权的贵族统治者，也想在死后把这种特权带到阴间去，因此，铜鼓也不免用来作死者的陪葬品。在田东、贵港等地的古墓中出土的铜鼓就是作为陪葬品埋入地下的。西林普驮还用四面铜鼓互相套合作为葬具盛放人骨和陪葬品。

当铜鼓的声响迅速召集来本部落的成员，在原始战争中取得胜利后，人们不会科学地分析战胜的原因，在万物有灵的信仰支配之下，人们把胜利归功于铜鼓的灵威。正如谈迁《国榷》卷六九记都掌蛮之铜鼓所说："始出劫，必击鼓高山，诸蛮闻声并四集，则椎牛享蛮，出劫数胜，皆鼓之灵也。鼓去则蛮运终。"铜鼓竟被视作部落的保护神。

祭祀时，人们在有节奏的铜鼓声中举行仪式性舞蹈，鼓声的频率刺激大脑中枢，能引起人们精神上和肉体上的异常反应，从而使舞蹈者处于兴奋的甚至是狂热的状态。当时人们对这一现象同样不能进行科学分析，而深信铜鼓内部一定蕴藏着一种超自然的神奇力量。

由于这些原因，铜鼓从其开始便被神化，被人们奉为神灵。

古今许多民族使用铜鼓求雨，作葬具，祭祀祖先或神灵，祈求丰收，都是相信铜鼓具有神力的表现。关于铜鼓，有许多神奇的传说和禁忌，使用和保存铜鼓有一系列仪式，甚至铜鼓本身也成为祭祀对象。当战争胜利之后，对曾用以号令群众的铜鼓更要加以祭祀。清人毛奇龄《西河合集·蛮司合志》（五）记平都掌蛮之有云："劫胜则椎牛祭鼓以贿神。"祭祀铜鼓应是铜鼓被神化的结果。

使用铜鼓的民族都是农业民族，丰收对他们至关重要。许多宗教活动，祭祀神灵或祖先活动中使用铜鼓，最终目的都是为了祈求丰收。他们甚至相信，铜鼓即使在不敲击的时候，其本身即可保佑丰收，使财富增值。

由于相信铜鼓有神，有些民族以为自己的身体和身上装饰在特定的场合与铜鼓接触，就可以获得神的佑护。西林县的那劳、那兵等地的壮族，在新春佳节敲击铜鼓祈年的时候，妇女们常拔下发髻上的银簪扣击铜鼓，她们认为这样可以使自己的头发永不衰白，自己永远年轻漂亮。东兰县长江乡一带在春节敲击铜鼓祈年时，未出嫁的壮族姑娘配戴着银簪连同自己的发辫一起往铜鼓上甩打，然后把银簪拔下来，送给在场的意中人。男女双方都认为这是最隆重的礼物。等到成婚之日，丈夫将此银簪奉还妻子，可望夫妻百年偕老，鬃发无衰。都安瑶族自治县保安乡一带的瑶族和壮族男女在新春击铜鼓祈年时，也常以银簪扣击铜鼓，以鼓声传情，用鼓调达意，一旦物色到对象，即将银簪作为定情物，送给心上人。大化瑶族自治县七百弄地区的瑶族妇女，在春节和达努节击铜鼓为乐时，也有拔簪击鼓之俗。她们也是希望通过拔簪击鼓，获得铜鼓神灵的佑护，永葆美丽的青春。

由于这种信仰，铜鼓之神又被人格化。人们认为，铜鼓所以能导致丰产，乃由于铜鼓像人类和其他动物一样，有雌雄之分。

明清以降，由于封建王朝对西南民族地区的统治加强，特别是推行改土归流以后，一些族群首领独霸一方的地位被流官所取代，原来那种号令一切的权威已大大削弱，乃至完全丧失。作为这种统治权威化身的铜鼓也就失去了原来那种耀人眼目的灵光，日渐暗淡下来。铜鼓由统治者手中的权力重器又回到民间，恢复了乐器的本来面目。最后，甚至很少有人还记得它曾经有过什么威严，只把它当作无用的长物，随随便便地搁置在一边，偶尔用作别的东西的代用品了。如在中国岭南和西南地区，老百姓从地下挖出或从水中捞出铜鼓都送往官府，不少铜鼓被悬挂在官府厅堂用作点缀，有的用来打更报时，变成更鼓。有的老百姓甚至拿来丢在屋角装载粮食或杂物。彝族《锅鼓歌》叙说彝族祖先在长途迁徙的过程中历尽艰辛，曾经用铜鼓当锅熬煮野菜吃，"拿鼓当锅用，熬煮野菜吃"。19世纪末，广西提督苏元春驻守龙州，该部士兵在龙州附近获得一面铜鼓，敲去四耳，也拿来当炊具使用。

第十章

铜鼓铿锵入诗来

铜鼓形体的奇特，纹饰的瑰丽，铜鼓声音的铿锵、豪放，给人一种心灵的震撼。对刚刚接触铜鼓的实体，听到铜鼓的声音，并看到一大群人为之疯狂的研究者来说，会感到新奇、神秘，不可思议，并激发探索的热情。历史上不少文人学者就曾写下了他们的亲身体验，为我们留下许多不朽的篇章，让后人能够凭借它们穿越时空隧道，回到历史的源头。

第一节 唐人吟咏铜鼓诗

铜鼓入诗，当从唐代开始。唐代是中国文学史上诗歌创作的鼎盛时期，诗的题材十分广泛，铜鼓也被囊括其中。

最先将铜鼓写入诗章的人当推中唐诗人白居易。此翁是山西太原人，唐代宗大历七年(772)生，唐武宗会昌六年(846)去世，享年75岁。他一生写了3000多首诗，是中唐成就最大的诗人之一。"蛮鼓声坎坎，巴女舞蹲蹲"，其中的"蛮鼓"就是铜鼓。这句诗描述了重庆巴人女子在"坎坎"的铜鼓声中，"蹲蹲"起舞的情景。在《送客春游岭南二十韵》中，诗人则将铜鼓二字直接入诗："牙樯迎海舶，铜鼓赛江神"。唐德宗贞元十八年(802)，骠国（今属缅甸）国王雍羌派悉利移城主舒难陀和两位大臣率领一个友好使团来中国访问，随同使团一起来的还有一个庞大的歌舞团。这个歌舞团有伴奏乐工35人，携带乐器22种、乐曲12首。骠国歌舞团在唐朝国都长安的演出轰动了朝野。当时的诗人纷纷写诗颂扬。白居易、元稹、胡直钧、王溥、唐次都为骠国乐写了动人的诗篇。骠国歌舞团曾使用铜鼓伴奏，大家一般都没有特别注意，唯有白居易的《骠国乐》诗把铜鼓点了出来。

骠国乐，骠国乐，出自大海西南角。

雍羌之子舒难陀，来献南音奉正朔。

德宗立仗御紫庭，黈纩不塞为尔听。

玉螺一吹椎髻耸，铜鼓千击文身涌。

珠缨炫转星宿摇，花鬘斗薮龙蛇动。

曲终王子启圣人，臣父愿为唐外臣。

左右欢呼何翕习，至尊德广之所及。

须臾百辟诣阁门，俯伏拜表贺至尊。

伏见骠人献新乐，请书国史传子孙。

……

白居易的诗，语言通俗晓畅，明白如话。把使用铜鼓的场面作了生动的描述，为人们了解 9 世纪使用铜鼓的情况留下了真实的记录。这首诗也写得生动传神："玉螺一吹椎髻耸，铜鼓千击文身踊。珠缨炫转星宿摇，花鬘斗薮龙蛇动。"那声音，那舞姿，那节奏，那力度，都清晰地呈现在读者面前，使读者犹如置身于当时的观赏者之中，倍感亲切。

最早将铜鼓用于战阵写入诗章的当推浪漫诗人李贺。李贺字长吉，河南昌谷（今宜阳）人，唐德宗贞元六年(790) 生，比白居易少 18 岁，但他只活了 27 个年头，到唐宪宗元和十一年 (816) 就死了，反比白居易早逝 30 年。这位青年诗人是专写阴暗鬼趣的，想象力特别丰富。从他的经历来看，他大概没有到过使用铜鼓的地区，骠国来长安献乐时，他才 13 岁，不大可能参加这样盛大的国事活动。但是他成年之后，是一位很注意搜罗奇趣、铺陈词章的人。他的《黄家洞》诗就写得相当精彩：

雀步蹙沙声促促，四尺角弓青石镞。

黑幡三点铜鼓鸣，高作猿啼摇箭镟。

采巾缠蹂幅半斜，溪头篡队映葛花。

山潭晚雾吟白鼍，竹蛇飞蠹射金沙。

闲驱竹马缓归家，官军自杀容州槎。

所谓黄家洞，亦即黄洞，在今广西境内，是少数民族"西原蛮"居住的"溪峒地"。当时西原蛮已发展到奴隶制社会阶段，内部"争相雄长"，斗争十分激烈。其中左、右江流域以黄姓势力最强，故又称黄峒。按唐王朝规定，向边远少数民族征收的赋税应是一般编户的一半，但自中唐以后，吏治腐败，地方官吏背着中央加重对少数民族的剥削，远远超过此限，引起矛盾激化，加上民族内部的纷争迭起，终于引发了以黄姓为首的西原蛮起义。在黄乾曜、黄少卿父子的领导下，先后于天宝十五年(756)、大历十二年(777)、贞元十年(794)起兵，几次纵横广西全境，斗争持续70余年。李贺正处在唐王朝多次向广西派兵，使用镇压和招抚两种手段的年代。他这首诗，形象地反映了广西少数民族使用落后的弓弩石镞，在充满巫术色彩的气氛中与官军周旋的历史事实。"黑幡三点铜鼓鸣，高作猿声摇箭镟"，描述了少数民族头领擂鼓摇旗，集合部众，跨山越涧，穿云破雾的险恶场面。

晚唐写到铜鼓的诗人只有许浑和温庭筠。

许浑有两首诗提到铜鼓：

晚过石屏村，村长日渐曛。

僧归下岭见，人语隔溪闻。

谷响寒耕雪，山明夜烧云。

家家扣铜鼓，欲赛鲁将军。

——《游维山新兴寺宿石屏村谢家》

绿水暖青苹，湘潭万里春。

瓦尊留海客，铜鼓赛江神。

避雨松枫岸，看云杨柳津。

长安一片月，座上有归人。

——《送客南归有怀》

许浑祖籍湖北安陆，家居江苏丹阳，曾任过郢州（今湖北钟祥、京山）刺史，唐宣宗大中三年(849)任监察御史，出使过南海郡（今广东）。他可能是见过铜鼓的。前篇显系作者亲历的记游诗。"家家扣铜鼓，欲赛鲁将军"。石屏村有鲁肃庙，赛神用铜鼓。"家家扣"之，所见当不止一面铜鼓。后篇是"送客南归"的赠诗，想象的成分居多，着眼点已南移，越过长江，到湘潭以南，"瓦尊留海客，铜鼓赛江神"，是一派南国风情。但这句话很象是袭用白居易《送客春游南岭二十韵》中"牙樯迎海舶，铜鼓赛江神"一联对句。

唐人歌唱，多用五言、七言绝句，唱时加上和声，和声的辞有长短，后来就用长短声填长短句，使之合曲拍，就形成词的体裁。晚唐诗人温庭筠，因喜欢音乐，尤擅弹琴吹笛，长年同歌妓生活在一起，为歌妓填词，从而成为词的重要创始人。将铜鼓填入词章最早的人恐怕就算是他了。且听他的《河渎神》词：

铜鼓赛神来，满庭幡盖徘徊。

水村江浦过风雷，楚山如画烟开。

离别橹声空萧索，玉容惆帐妆薄。

青麦燕飞落落，卷帘愁对珠阁。

上阙写得热情奔放，有声有色；下阙则转入愁怨缠绵，语塞容暗。铜鼓本是南方民族阳刚之美的杰作，铜鼓声使人亢奋，使人想起"刑天舞干戚"、金戈铁马的壮烈情景，但在温庭筠笔下，一场暴风骤雨之后，留下满目凋残，叫人好不伤感！

在唐代诗人的眼中，铜鼓只不过是没有开化的民族的

图 10-1　全唐诗

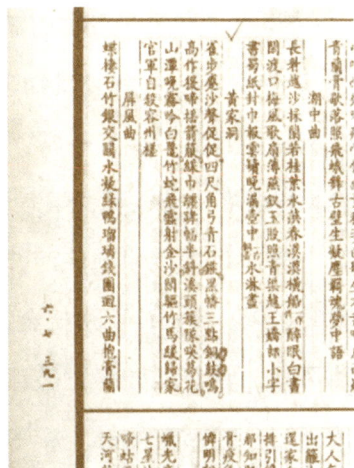

一种娱乐工具、赛神用器。他们只听到了铜鼓的声音，却没有注意到铜鼓的"容貌"。虽然已有人将铜鼓写入诗，但没有哪一首诗直接描述铜鼓的外形和纹饰。究其原因，是由于诗人们还没有机会突破民族间的神秘樊篱，直接触摸到铜鼓实体的缘故。

第二节　袁枚写赋赞铜鼓

铜鼓被文人写入诗篇早在唐代就已多见了，但用赋的形式颂扬铜鼓则罕有，清代袁枚的《铜鼓赋》是其代表。

　　袁枚，字子才，号简斋，浙江钱塘人，乾隆年间进士。少有才名，曾任几县知县，颇有政绩。后来弃官归隐，在南京小仓山下筑了一座"随园"，故又号随园老人。他是清代著名的诗人和文学家。乾隆元年 (1736) 他才 21 岁，第一次从家乡杭州到广西桂林来探望他在巡抚里任职的叔父袁鸿。当时广西巡抚金䥶是一位老诗人，喜欢研究广西风物，曾将从桂平铜鼓滩捞出的一面大铜鼓放置在巡抚衙门，供大家观览，并写了一篇《铜鼓记》。他见袁枚少年英俊，才思敏捷，就叫袁枚以铜鼓为题，当众赋诗。袁枚果不负金䥶厚望，经过一番观察和思考后，提起笔来，洋洋洒洒写下了近千言的《铜鼓赋》，举座鸿儒皆为之称奇。金䥶对此大加赞赏，即命刻入广西志书中，并挽留袁枚在府中逗留多日，不避自己比他大 37 岁的年龄差，称袁枚为"第一知己"。时逢乾隆诏举博学鸿词之士，金䥶特为袁枚上疏推荐，称袁枚年仅 21 岁而贤才通明，应当此选。

　　《铜鼓赋》前有序，用华丽的词藻，铺陈的手法，记述了金䥶获得铜鼓并且"留之纛下，用肃军门"的大概。赋词正文是骈体，嵌入大量历史典故，把铜鼓之出比之为泗水获鼎，极言铜鼓之珍贵，文词铿锵，瑰丽动人。有些词句也如实地描述了铜鼓的形象，如"其状则体如坐墩，面同博局。苍岭点砂，环切玉腹，自脐以内，空腰较首而微束"，说到铜鼓的锈色和纹饰，"势跃跃于岑，纹彬彬于沉绿"，"其色则丹螺献甲，鳌背成峰；花似绣而若结，纹已直而犹纵。远而望之，若朱云襫袿于宝鼎；近而察之，若绿羽磷碥于万重"。描其声音，"其声则鞺鞳为音，砰訇作韵，霜降钟鸣，雷出地奋，汉宫击瓦，而屋尘皆飞，秦铎驱山，而草木悉震，发清机于地籁，依稀仙间高鸣；振元气于鲸鱼，光若钧天可近。"

50 年后，乾隆四十九年 (1784)，袁枚已到古稀之年，因访问亲家，再次来到广西，巡抚已是吴垣。吴垣引他至衙署，旧地重游，席间谈起金鉷任巡抚时事，吴垣出示和诗一律，其中有句云：

洞箫声重三千玉，铜鼓词传五十春。

"铜鼓词传五十春"说的是 50 年前袁枚作《铜鼓赋》一事。袁枚《随园诗话》记载说：金鉷将他的《铜鼓赋》刻入省志艺文志中，"今五十载矣，重得披览，恍若前生。"他在《随园诗话补遗》中又说："余重游桂林，阅省志艺文一门，国朝首载此赋，且惊且感"，因而又题一绝：

五十年前铜鼓赋，自家披览自家怜；

不图漓水崇文目，竟冠熙朝第一篇。

第三节　文人雅集吟铜鼓

清道光十六年（1836）福建长乐人梁章钜以直隶布政使接任广西巡抚，掀起了一场有关铜鼓的大讨论。梁章钜字闳中，又字苣邻，号芷邻，晚年号退庵。清嘉庆七年（1802年）进士。曾任礼部主事，充军机章京，升用员外郎。道光年间，历官江苏、山东、江西按察使，江苏、甘肃布政使。

在广西巡抚衙署的东南隅有一座铜鼓亭，铜鼓亭上有楼，叫铜鼓楼。这座铜鼓楼是嘉庆年间广西巡抚谢启昆创建的。铜鼓亭内陈放着一面在雍正年间出土的铜鼓，墙壁上嵌砌着谢启昆和当时学使钱裴山的《铜鼓歌》石刻。铜鼓楼一时成为骚人墨客登临聚首、吟诗作赋的好地方。

从谢启昆到梁章钜，其间相隔35年，换了16任巡抚。这些巡抚老爷对铜鼓并无兴趣，"所惜谢钱后莫继，骚坛一席无人争"（梁章钜诗）。"楼渐剥蚀，楼上榛荒塞径，无过问者"。梁章钜做了一辈子的官，而且是一个很有学问的人，案牍之余，勤于著述。他初到广西巡抚上任时，还不知道"有所谓铜鼓者"，后来阅地方志书，才"展转得之"（《后铜鼓记》）。第二年（1837）春，将铜鼓移到怀清堂前，"涤其尘封，加之拂拭"。正好桂林知府许芳友这时也得一面铜鼓，献了上来。于是将这两面铜鼓分列于庭之左右，让大家观览，并且拓取谢启昆、钱裴山的《铜鼓歌》，让同僚唱和。当时响应梁章钜为《铜鼓歌》和诗者多达 40 余人，其中包括广西布政使花杰、按察使宋其源、学政丁善庆、粤西古文大家吕璜、朱琦等。每一首诗都押谢启昆、钱裴山《铜鼓歌》的韵，洋洋洒洒 58 句 4 百余言。这些诗歌多为借物咏志或应酬之作，但也有论到铜鼓的来源、形制，铜鼓的用途和神威的，对研究铜鼓有一定的参考价值。梁章钜将这些和诗搜集起来，加上金鉷的《铜鼓记》、袁枚的《铜鼓赋》，加上谢启昆、钱裴山的《铜鼓歌》，汇编成集，由吕璜作序，并自撰一篇《后铜鼓记》记述此举的经过，将诗集名为《铜鼓联吟集》。这次联吟活动，是迄今为止，最多文人参加的一次以铜鼓为题材的诗歌大赛，如果可以称之为铜鼓笔谈会的话，大概也是铜鼓研究史上空前壮观的一幕，《铜鼓联吟集》也就成了最大的铜鼓诗集。

梁章钜在《后铜鼓记》中指出，金鉌《铜鼓记》记述的那面铜鼓"面有蟾蜍叠踞，大小各六，重之为数十二"，与当时存于铜鼓楼中的那面铜鼓并不完全相合，铜鼓楼所存铜鼓"实只六蟾，蟾各四足，不见有叠踞之迹"。而许勺友所献的铜鼓"亦六蟾"，但"各三足"。梁章钜还说："今粤西铜鼓，径尺余者颇多，面四旁有蟾者绝少，或出后来仿造。"可见他对铜鼓的观察是细致的。他对谢启昆批评袁枚的《铜鼓赋》也有不同的看法，他认为，写赋和写考据文章不同，不能对袁枚过于苛求。

梁章钜编辑了《铜鼓联吟集》，并继谢启昆之后重新修复了铜鼓楼。在铜鼓楼前悬挂出一幅楹联，联语是集黄山谷和苏东坡的诗句而成的，正好情景相合。联曰：

全以山川为眼界，故应宾主尽诗人。

第四节　壮族文人铜鼓歌

自明代以后，铜鼓渐渐流入私藏，汉族文人雅士也搜罗玩赏铜鼓，吟咏铜鼓的诗作才开始多起来，到清代中叶，形成了讴歌铜鼓的热潮，以至有广西巡抚梁章钜汇

图 10-2　铜鼓联吟集封面

编《铜鼓联吟集》的宏篇巨制问世。但是，这些吟咏铜鼓的诗词多是汉族文人所作，真正使用铜鼓的民族自己来吟咏铜鼓的诗作仍然十分难得，壮族文人的几首铜鼓诗词也就显得弥足珍重了。

最早在诗中提到铜鼓的壮族文人当推白山司（今属广西马山县）的第 13 代土司王言纪。王言纪字旨堂，号笏山，是清乾隆中期至道光初期人，《白山司志》的编纂者，他写有一首《岑公祠绝句》：

空城寂寞锁荒祠，手把村醪奠一卮。

铁马无声铜鼓静，晚风猎猎闪灵旗。

岑公祠是纪念明代永乐年间思恩州知州岑瑛的。岑瑛是广西平果旧城人，永乐十八年(1420)袭思恩军民府职，正统年间奉调出征，累建功勋，晋升州为府秩，加都指挥使衔，成化十四年(1478)卒，追进骠骑将军。他在位约60年，筑城池，设儒学，很有政绩，在右江地区享有很高的声誉，自清代以来，平果、马山、都安一带都有祭祀他的岑公祠，仅马山县境就有山心圩、甘桑村、那卷村、江州故城等多处。王言纪的诗没有注明是哪一处岑公祠，估计是在他的白山司之内或附近，当以江州故城的岑公祠可能性大。这一带自宋代以来都是使用铜鼓的，岑瑛所处的时代仍应使用铜鼓。从诗中可以看到，王言纪的时代岑公祠已近荒芜了，祠里供奉着铜鼓，但已经没有战事了，铜鼓只作为静物存在，诗人把持"土茅台"(村醪)祭奠，大有盛世已逝之慨。

清末民初，龙州诗人黄敬椿在《龙州风土诗》中也提到铜鼓：

骆交铜鼓费摩挲，犹记银钗扣处和。

铸自伏波搜不尽，曾偕舂杵葬山河。

《龙州风土诗》12首，这是最末的一首。诗人曾留学过日本，回国后一直在龙州当教师，读了不少书。清同治初年，龙州上龙司出土过铜鼓，民国 16 年 (1927) 修《龙州县志》载，该铜鼓出土时"下承以坚木舂杵"。这面铜鼓后来被送入玄协祠，光绪十六年 (1896) 广西提督苏元春把它带到连城，民国 8 年 (1919) 广西督军谭浩明的祖祠落成，又将这面铜鼓移入谭氏祖祠，民国 10 年 (1921) 因兵乱，才不知去向。估计黄敬椿是看到过这面铜鼓的，"曾偕舂杵葬山河"说的就是这面铜鼓的典故。

真正以铜鼓为吟咏主题的诗作应是谢兰的《诸葛铜鼓》、黄焕中的《铜鼓赋》、曾鸿燊的《铜鼓歌》和曾昌霆的《赛鼓词》。

谢兰字雨阶，广西崇善 (今崇左市) 人，道光十年 (1830) 生，同治九年 (1870)贡生，在村镇教书 40 余年，著有《笔花吟馆诗抄》一卷，存诗 200 余篇，其中大部分是写本地风土人情的作品。他在光绪四年 (1878) 写了《诸葛铜鼓》七律 5 首：

> 云山万叠忽嵯峨，铜鼓声中唱凯歌。
>
> 安排石上风能击，处置溪边水欲磨。
>
> 巴客闻来秋雨暗，蛮奴听去夕阳过。
>
> 遗规不独传诸葛，东汉曾称马伏波。

大将长驱入蜀中，纶巾羽扇羡高风。

鸣山逸响原须石，制鼓良规只用铜。

金质半浸芳草绿，籀文斜影夕阳红。

渡泸留得疑兵计，不愧当年奏武功。

山中忽奏鼓冬冬，善作疑兵计最工。

响振遥传巴蜀地，凯旋端让武侯功。

纶巾羽扇形如见，大纛牙旗路偶通。

赢得鲸铿邀谷应，不须铁板唱江东。

此鼓传来属武侯，安排涧底傍泉流。

渊渊杂奏音无节，坎坎常鸣夜不收。

藓剥苔生非一日，风磨雨洗足千秋。

渡泸遗制今犹在，赛社巴童击未休。

蜀相才猷纪靖边，制为铜鼓亦奇然。

圆形已向炉中造，巧样还从石上悬。

羯奏传来流水地，鲸铿敲乱夕阳天。

疑兵善计谁能觉，只得长驱唱凯旋。

从字里行间可以看到作者对铜鼓的形制、纹饰有所观察，他写了铜鼓的材质（"只用铜"），铜鼓的颜色（"芳草绿"），铜鼓的纹饰（"籀文斜影"），铜鼓的声响（"冬冬"、"渊渊"、"坎坎"）。诗人是相信铜鼓创自马援和诸葛亮的，"遗规不独传诸葛，东汉曾称马伏波"，并且相信马援、诸葛亮曾将铜鼓埋于激流处，利用铜鼓声作疑兵之计的传说。这些说明诗人书卷气十足，诗题下附注"代友人作"，有应酬之嫌。但他记录了山区民族使用铜鼓的事实，散发着浓郁的乡土气息。

黄焕中，又名玉田，字尧文，号其章，广西思乐（今宁明县）人，清道光十二年(1832)生，同治五年(1866)贡生。光绪九年(1883)投身黑旗军，追随刘永福20年，中日甲午战后退居钦州，将平生所写诗词400余首汇编成册，名为《天涯亭吟草》。所作《铜鼓赋》"以诸葛大名垂宇宙为韵"，将"诸葛大名垂宇宙"7字嵌入赋中，极尽铺陈之能事，使人读起来感到冗长，沉闷。但经仔细玩味，仍可察到作者对铜鼓的固有看法。"溯古物于汉末，瞻遗器于蜀初，声闻暨于南服，利用出于草庐"，"阅十二代而色已斑烂，留传今古，经千百年而音犹雄壮，久历居诸"。他和谢兰一样，也相信铜鼓创自马援和诸葛亮（"汉末"、"蜀初"）。"夫铜鼓何为而作也？忆自孟获披倡，南方侵夺，刁斗惊闻，兵戈震怛，惟先声始能夺人，而制敌原非击钵。山林险阴，吹笛未充遥通；风雨晦明，击析亦难远达。……于是仿旧制于伏波，鸣新声于地籁。……乃采铜山，不胜沙汰，熔化炉中，裁成炭外。"将诸葛亮铸铜鼓的传说加以理想化，使其更加神乎其神。而所铸铜鼓的形制是"其腰微束，其面宽平，纹理缤密，色泽光明"。铜鼓的音响"渊渊者有金石，缝缝者非鼍皮"。铜鼓的用途"架上悬来，非若轩辕记里；阵前击去，可当孙子雄兵。七纵七擒，一鼓气振；八战八克，三鼓功成"；"闻声而奋，不顾令，而勇交驰"。重复了当时对铜鼓起源和功用的传统说法，皆有所指。

曾鸿燊，字子仪，号瓶山，别号此愚和尚，广西同正（今属扶绥县）人。清同治初年（1862？）生，光绪十九年（1893）中举，宣统元年（1911）当选为广西省咨议局议员，两次主编《同正县志》，民国 22 年（1933）去世。著有《瓶山诗集》三卷，《瓶山文集》一卷。道光二十五年（1845），永康（今扶绥县中东）北五里的旧县村农民耕地得一铜鼓，完好无缺。曾鸿燊在修《同正县志》时写了一篇《铜鼓考》，详细记述了这面铜鼓的形制、纹饰和尺寸，并引用文献作了考证。同时写了《铜鼓歌》，用诗的形式记述旧县村铜鼓的形制、纹饰、色泽和音响，与《铜鼓考》互为表里。"西南蛮俗铜造鼓，不识何时瘗林莽。旧县村农耕山麓，道光之季忽出土。"这面铜鼓的形制是"腰间束缩腹底空，兀若坐墩宛覆釜"。铜鼓的尺寸是："径围六尺高尺五"。铜鼓的装饰纹样是"四耳傍缀槌心滑，三十九环旋可数；圜面列踞六蟾蜍，二者负螺目瞪怒"；"雷纹回互疑籀篆，绿锈坚牢不苦窥。"铜鼓的声音"声蓄镗答惊鸣鼍，铿应洛钟震激楚"。可以说，曾鸿燊是壮族诗人中观察铜鼓最仔细，也是最动脑筋思考铜鼓的第一人。用现代考古学的眼光来看，他对铜鼓的描述基本上符合科学规范，有关铜鼓的几大要素（形制、大小、色泽、纹饰、音响）无一遗漏。根据这些描述，可以将这面铜鼓复原，并判定这面铜鼓是属于当代铜鼓分类中的"灵山型"，鼓面有青蛙（蟾蜍）塑像六只，其中二只背负田螺，这种装饰是灵山型铜鼓中比较特殊的现象，目前仅在博白、灵山各见到一例，曾鸿燊描述的这面铜鼓有力地补充了这方面的例证。南朝人裴渊《广州记》曰："俚僚铸铜为鼓，……初成，悬于庭，克晨置酒，招致同类，来者盈门，豪富子女，以金银为大钗，执以叩鼓，叩竟，留遗主人也。"曾鸿燊根据这一记载，在诗中演绎铜鼓铸造过程："想其洪炉煽石炭，火焰青红烛穹宇。须臾金光闪璀灿，圆月一轮碧海吐。椎结仡佬纷欢呼，招饮佳晨置庭庑。邻家富女夸奢豪，拔钗击罢赠其主。"《宋史·蛮夷列传》言："溪峒夷僚疾病，击铜鼓、沙锣以祀神鬼"。唐诗有"铜鼓赛神来"、"铜鼓赛江神"之说。掘此，有人把使用铜鼓的场面想像为："巫觋祈禳赛神会，跳跃苗歌并巴舞。峒云连峰敲冬冬，徼外边风送岩户"。他认为，自从秦统一岭南后，中原文化南来，铜鼓的风习就渐渐消失了："一自百粤归版图，便同瘴疠洗烟雨。交趾伏波或偶得，已将铸马更立柱。"他又将《广西通志》所载明万历戊午年在广西桂平的白石山和铜鼓滩同时各获一面铜鼓的史实，加以发挥："我观省志乾隆时，与明天启岁戊午。遥遥先后各为双，或见田野或江浒。可知荒服固所尚，要非作气佐军伍。年深埋没泥沙中，物久精灵于诟终。斯鼓成形代云远，历尽劫灰此复睹。"说明诗人所在的地区当时已不再使用铜鼓了。这样推断铜鼓消失的过程也是符合历史实情的。曾鸿燊这首《铜鼓歌》句句都与铜鼓关联，很实在，有人称之为"铜鼓的小传"，实在不过分。但诗人也有疏忽之处，他把《广西通志》所载明代"万历戊午(1618)出铜鼓的事误记为明代"天启岁戊午"了。出此差错的原因该是他读乐明盛所撰《双获铜鼓记》，把乐明盛到浔州府任学政之年(天启乙丑)与乐明盛所记出铜鼓之年(万历戊午)搞混了。

曾昌霆，广西隆山(今属马山县)林圩乡人，生于清至民国间，生卒年未详。他著有《三白山房诗集》3卷，是水平较高的壮族风土诗人，民国37年(1948)修的《隆山县志》收入他一首《打春堂》、一首《赛鼓词》，都是典型的风俗诗。《赛鼓词》曰：

> 一炬销残百越铜，铸成金马立门中；
>
> 此地久经为汉治，何来鼓声犹逢逢？
>
> 祇因隔绝中州远，水土恶劣山高崇；
>
> 人民生来多嗜酒，陶情不识理丝桐。
>
> 千秋难脱旧积习，击鼓祈年邀神功。
>
> 铜山西倒代以皮，制成面面腹中通。
>
> 明月三更元宵节，竞赛不约人来同。
>
> 同祝大王降神雨，南蛇岭头禾黍丰。
>
> 徐徐擂来复疾疾，山鸣谷应耳都聋。
>
> 我亦有所祝，不祝大王祝扶风，
>
> 近来薏苡明珠似，当年尊重瞿铄翁。
>
> 但愿此物多成熟，疗除民疾起疲癃。
>
> 冬冬冬，冬冬冬，鼓声有尽意无穷。

据《隆山县志》载，县属中、西、南各乡村街童子，每当残腊将尽，辄十数为群，敲锣打鼓，游行取乐，一若恭送旧年，欢迎新岁。元旦后，则老少参加，作大规模赛鼓会，或者是本村自寻热闹，或者邀集数村，作集体比赛，这种场面，极为热烈壮观。曾昌霆的《赛鼓词》表明，春节期间赛铜鼓主要是"祈年邀神功"，祈祷天神降雨，禾稼丰收。说明马山一带在清末民初还有赛铜鼓祈年的习俗。

如果说谢兰的《诸葛铜鼓》"代友人作"有些应景意味，黄焕中的《铜鼓赋》则是借铜鼓为题，高谈阔论。如果说曾鸿燊的《铜鼓歌》是描述一面具体的铜鼓，具有一定考古学意义，曾昌霆的《赛鼓词》则直接记述使用铜鼓的习俗，具有重要的民俗学意义。我们的壮族诗人，从龙州、宁明，经崇左、扶绥，到马山，在广阔的地域上吟唱了铜鼓的古往今来，展开了多彩的画卷。

图书在版编目（CIP）数据

铜鼓／广西壮族自治区地方志编纂委员会办公室编
. -- 北京：社会科学文献出版社，2018.1
（广西风物图志.第一辑）
ISBN 978 - 7 - 5201 - 1742 - 5

Ⅰ.①铜…　Ⅱ.①广…　Ⅲ. 铜鼓－广西－图集
Ⅳ.①K875.52

中国版本图书馆 CIP 数据核字（2017）第 273195 号

· 广西风物图志 ·

广西风物图志（第一辑）·铜鼓

著作权人／广西壮族自治区地方志编纂委员会办公室
编　　者／广西壮族自治区地方志编纂委员会办公室
著　　者／蒋廷瑜

出 版 人／谢寿光
项目统筹／陈　颖
责任编辑／陈　颖

出　　版／社会科学文献出版社·皮书出版分社（010）59367127
　　　　　　地址：北京市北三环中路甲29号院华龙大厦　邮编：100029
　　　　　　网址：www. ssap. com. cn
发　　行／市场营销中心（010）59367081　59367018
印　　装／三河市东方印刷有限公司

规　　格／开本：880mm × 1230mm　1/32
　　　　　　印张：8　字数：133千字
版　　次／2018 年 1 月第 1 版　2018 年 1 月第 1 次印刷
书　　号／ISBN 978 - 7 - 5201 - 1742 - 5
定　　价／59.00 元

本书如有印装质量问题，请与读者服务中心（010 - 59367028）联系